푸드 스타일링

푸드 스타일링

김경미 · 김경임 · 김상연 · 안선정

교 문 사

머리말 Foreword*

21세기에 접어들면서 생활의 질이 향상되고 국민소득이 증가되면서 식품의 1차 기능인 영양 기능이나 2차 기능인 감각 기능, 그리고 3차 기능인 생체조절 기능만으로는 만족하지 못하고, 여기에 더하여 오감 특히 시각을 통한 즐거움을 느끼고자 하는 욕구가 더욱 확산되고 있다. 또한 고급화된 음식 문화를 선도하고 다양한 식재료나 요리를 기획 · 연출하며, 각종 소품을 활용하여 시각적으로 먹음직스럽게 형상화된 음식 예술품을 만들어 낼 수 있는 푸드 스타일리스트의 필요성이 대두되면서 전문 인력을 양성하고 배출하는 대학과 교육기관이 증가하고 있다.

이렇게 푸드 스타일리스트 양성을 위한 체계적인 교육이 요구되는데 정작 이들을 가르치고 참고로 하며 실전에서 응용할 수 있도록 집필된 전문 서적은 매우 부족한 실정이다. 이에 푸드 스타일리스트에게 필요한 기초적인 이론에서부터 구체적인 작업방법, 그리고 촬영 테크닉에 이르는 실무 지식을 대학 강의 경력과 현장 경험이 풍부한 저자들이 모여 집필함으로써 푸드 스타일리스트의 체계적인 교육에 도움이 되도록 집필하였다.

현대사회는 상품 자체뿐만 아니라 그 상품의 이미지도 판매하는 시대이다. '먹는다'고 하는 행위는 이제 더 이상 신체적 건강 유지를 위한 필수 영양소 공급 차원을 넘어 맛있으면서도 행복감을 주는 아름다운 식탁을 함께 추구하여야만 완전한 건강인으로 삶의 질을 높일 수 있다.

이 책은 예비 푸드 스타일리스트는 물론, 푸드 스타일링 관련 분야에서 일하고 있는 모든 분들에게 식품과 음식을 시각적으로 아름답게 연출하는 기법을 익히는 데 많은 도움이 될 것으로 기대한다.

저자들이 좋은 책을 만들고자 하는 열정과 의욕으로 오랜 기간 연구하여 집필하였으나 부족한 점이 많으리라 생각된다. 앞으로 부족한 점은 계속 수정 · 보완해 나갈 것을 약속드리며, 독자 여러분의 끊임없는 관심과 아낌없는 조언을 부탁드린다.

책이 완성되기까지 많은 도움을 주신 푸드앤스타일의 김덕환 팀장님, 김은경 팀장님, 유지현, 유현석, 김종인 그리고 촬영을 맡아 주신 박홍순 실장님께 감사의 마음을 전하고 싶다. 끝으로 이 책이 출간될 수 있도록 애써 주신 교문사 류제동 사장님을 비롯한 직원 여러분에게도 진심으로 감사드린다.

2005년 2월

저자 일동

Contents* 차 례

Chapter 3

Food Styling

Food Styling

Chapter 5
푸드 스타일링의 실제

Food Styling

Contents

Chapter 1*

Food Styling

푸드 스타일링에 대하여

Chapter 1*

푸드 스타일링에 대하여

텅 빈 캔버스에 그림을 그리기 시작하는 화가나,
빈 종이 위에 한 줄 한 줄 글을 채워가는 작가와 마찬가지로
푸드 스타일리스트의 직업 역시 빈 접시, 빈 그릇, 빈 프라이팬, 또는 빈 테이블로부터 시작한다. 푸드 스트일링의 도구는 다름 아닌 음식이며
이 음식을 어떤 방식으로 자르고, 담고, 프레젠테이션하느냐가 바로
푸드 스타일리스트들이 행하는 예술이라고 할 수 있다.
(Delores Custer, CIA Lecture Material, 2003)

1. 푸드 스타일링이란

의식주(衣食住)는 인간에게 있어 없어서는 안 될 매우 중요한 요소들이다. 이 중 식(食)을 다루는 학문으로 식품학이나 영양학 그리고 조리학이 있다. 이러한 학문에 미(美)적 요소가 가미되어 최근에는 푸드 스타일링이라고 하는 새로운 영역이 나타나기 시작하였다. 여기에 파생되어 푸드 스타일리스트(food stylist)와 테이블 스타일리스트(table stylist), 파티 플래너(party planner)라는 신종 직업군이 속속 생겨나고 있다.

푸드 스타일링(food styling)은 주로 촬영을 위하여 식재료나 조리된 음식을 촬영이 끝날 때까지 신선함, 자연스러움, 먹음직스러운 느낌을 그대로 유지할 수 있도록 감각을 실어 스타일링하는 작업을 말한다. 보통 푸드(food)라고 하면 식품이나 음식을 의미하며, 스타일리스트(stylist)라고 하면 디자이너 또는 다듬는 사람을 의미하므로 푸드 스타일리스트라고 하면 음식에 미적 감각을 실어 디자인하는 사람을 말한다. 즉, 다양한 식재료나 요리를 기획 · 연출하고 각종 소품을 활용하여 시각적으로 먹음직스럽게 형상화된 음식 예술품을 만들어 내는 예술가이다. 또한 이들이 식공간 연출이나 파티 플래닝(party planning)을 맡기도 한다. 미국에서는 먹지 못하

그림 1-1 프롭 스타일링

그림 1-2 푸드 스타일리스트의 공간

는 촬영용 음식만을 만드는 사람을 푸드 스타일리스트라고 하기도 한다.

21세기에 접어들면서 생활의 질이 향상되고 국민소득이 증가되면서 식품의 1차 기능인 영양기능이나 2차 기능인 감각기능 그리고 3차 기능으로 정의된 생체조절 기능만으로는 만족하지 못하고 여기에 더하여 오감 특히 시각을 통한 즐거움을 느끼고자 하는 요구가 확산되고 있다. 이러한 고급화된 음식문화를 선도하는 사람들이 바로 푸드 스타일리스트이다.

2. 푸드 스타일리스트의 영역

푸드 스타일리스트는 주로 잡지사, 출판사, 회사의 사보발행부, 방송국, 케이블 TV, CF 제작사, 호텔이나 레스토랑, 식품회사, 식기제조사, 음식촬영 스튜디오, 메뉴나 푸드 컨설팅, 테이블 코디네이션(table coordination), 파티 플래닝, 식문화 교육 등의 다양한 분야에서 폭넓게 활동하고 있다. 특히 인터넷에 의한 세계 각국 음식의 대중화와 TV · 영화 · 홈쇼핑에서 음식에 관련된 촬영이 증가하고 각종 매체의 발달로 인해 시장의 필요성, 즉 수요가 증가하여 푸드 스타일리스트의 영역은 점점 넓어지고 있다.

푸드 스타일리스트의 작업 영역은 다음과 같다.

- 잡지사 : 생활잡지, 여행잡지, 외식관련 잡지 등의 식품 및 조리된 음식을 연출한다.
- 출판사 : 각종 무크지, 요리책, 식품 및 조리관련 서적, 단행본의 식품이나 조리된 음식을 연출한다.
- 방송국이나 케이블 TV : 드라마나 다큐멘터리 프로그램에서의 식품 및 조리된 음식을 연출한다.
- CF 제작사 : 식품이나 조리된 음식의 연출에 의한 광고 제작에 참여한다.

Food

프롭 스타일리스트(prop stylist)란?

조리되기 전의 식재료나 식기구들을 이용하여 스타일링하는 사람을 말한다.

1	2	3	
4	5	6	
7	8		9
	10	11	12

1 잡지 2 출판사 3 방송
4 식품회사 5 식기제조사 6 개인 스튜디오
7 메뉴 기획 및 푸드 컨설팅 8 테이블 코디네이션 9 파티 플래닝
10~12 회사사보

그림 1-3 푸드 스타일리스트의 직업 영업

- 호텔이나 레스토랑 : 메뉴 플래닝, 컨셉 설정, 주방의 집기나 식기류 및 장식에 대해 총괄적으로 관리한다.
- 식품회사 : 식품이나 반조리 제품의 개발 및 내외 포장을 연출한다.
- 식기제조사 : 테이블이나 음식과 잘 조화되는 실용적이면서도 아름다운 식기를 개발한다.
- 음식촬영 개인 스튜디오 : 어시스트(assist)로 활동하면서 다양한 실무 경험을 쌓는다.
- 메뉴 기획 및 푸드 컨설팅 : 새로운 조리법 개발과 이윤 창출을 위한 메뉴를 개발한다.
- 테이블 코디네이션(table coordination) : 식공간 연출가로 식탁 위의 모든 소재들을 조화롭게 세팅한다.
- 파티 플래닝(party planning) : 이벤트, 기념일, 연회 등에서 음식을 기획하고 공간을 경영하는 총 연출가이다.
- 회사의 사보 발행부 : 식품회사에서 발행하는 사보의 형태는 사내에서 읽혀지는 사내보와 회사 밖에서 홍보용으로 제작하는 사외보가 있다.

3. 푸드 스타일리스트의 기본 자질

푸드 스타일리스트가 되기 위해서는 반드시 갖춰야 할 적성이나 자질이 있다.

첫째, 식재료나 요리에 대한 감각이 뛰어나야 한다. 조리에 대한 기초부터 고급 기술을 익히고 한식, 양식, 일식, 중식, 제과 · 제빵 등에 관련된 자격증을 취득한다면 여러 가지로 유리하다. 둘째, 미에 대한 예술적 감각이 필요하다. 이러한 감각을 타고 났다 하더라도 영화나 연극 그리고 음악감상이나 독서와 같은 문화적 접촉을 통하여 자기만의 감성을 끊임없이 개발하고 창의력을 유도해 나가야 한다. 셋째, 세계 각국의 식문화 전반에 대한 폭 넓은 이해를 필요로 한다. 같은 유럽에 위치한 영국과 프랑스의 식문화조차도 많은 차이를 보인다. 하물며 동양과 서양의 식문화 차이는 동전의 앞면과 뒷면처럼 동양의 바람직한 식행동이 서양에서는 오해의 소지를 불러일으키기도 한다. 넷째, 원만한 대인관계에 필요한 성격과 인내심을 지녀야 한다. 스타일리스트, 사진작가, 연출가 등 여러 명이 한 팀을 이루어 작업을 진행할 때 의견의 조정과 아이디어의 주장이 조화를 이루어야 성공적인 업무수행이 가능하기 때문이다. 다섯째, 다양한 식재료들의 특징과 물리·화학적 변화에 대한 과학적 지식을 갖추어야 한다. 푸드 스타일리스트 교육기관에서 조리과학이나 식품학, 영양학과 같은 과목을 강의하는 것도 이러한 이유에서이다. 이외에도 다양한 음식들에 대한 경험, 프롭(props)에 대한 이해, 세계적인 도자 식기에 대한 상식, 각종 직물의 색깔과 문양에 대한 안목 등의 종합적인 능력을 요구하는 분야가 바로 푸드 스타일링이다.

조리 능력

조리에 대한 기초부터 고급 기술까지 익히고 한식, 양식, 일식, 중식, 제과·제빵 등에 관련된 자격증을 취득한다면 여러 가지로 유리한 점이 많다. 또한 식재료에 대한 폭넓은 조리 경험을 쌓아 나가야 한다.

예술적 감각

예술적 감각의 유무에 상관없이 영화나 연극 그리고 음악 감상이나 독서와 같은 문화적 접촉을 통하여 자기만의 감성을 끊임없이 개발하고 창의력을 유도해 나가야 한다. 디자인이나 색채에 관련된 기본지식을 익히고 전문 서적들을 보면서 꾸준히 연구하는 자세가 필요하다.

식문화사와 식문화의 이해

푸드 스타일리스트는 세계 각국의 과거에서부터 현대까지의 식문화사 전반을 이해하여야 하며 다양한 식문화에 대한 경험을 필요로 한다. 같은 유럽에 위치한 영국과 프랑스의 식문화조차도 많은 차이를 보인다. 영국에서는 커틀러리를 뒤집어 놓는 경우가 거의 없지만, 프랑스에서는 가문을 과시하기 위해 커틀러리 뒷면에 문양이나 장식을 하여 뒤집어 놓기도 한다. 서로의 인사예법이 다르듯이 동양의 바람직한 식행동이 서양에서는 오해의 소지를 불러일으키기도 하며, 서양의 바람직한 식행동이 동양에서는 오히려 상대방을 불쾌하게 만들기도 한다. 따라서 한식의 문화사를 먼저 이해하고 더불어 서양의 식문화사를 익혀 각국의 특징적인 테이블 매너(table manner)를 공부해야 한다.

식재료들의 식품영양학적 지식

푸드 스타일스트는 다양한 식재료들의 특징과 물리·화학적 변화에 대한 과학적 지식 그리고 식품영양학적 지식을 갖추어야 한다. 국내·외의 다양한 푸드 스타일리스트 교육기관에서 조리과학이나 조리원리, 식품학 및 영양학 등과 같은 과목을 강의하는 것도 이러한 이유에서이다. 근사하고 맛있어 보이는 음식을 스타일링해 놓았을지라도 식품학적 그리고 영양학적 측면이 전혀 고려되지 않았다면 결국 식품으로서의 가치는 상실될 수밖에 없다.

인내심과 원만한 대인관계

스타일리스트, 사진작가, 연출가 등 여러 명이 한 팀을 이루어 작업을 진행할 때 의견의 조정과 아이디어의 주장이 조화를 이루어야 성공적인 업무 수행이 가능하다. 개성이 강한 사람들이 많이 도전하는 분야인 만큼 서로에 대한 배려가 없다면 업무 완성도는 그만큼 떨어질 수밖에 없다. 따라서 스타일리스트 자신의 원만한 대인관계 유지를 위하여 노력하여야 하며, 타인의 잘잘못을 바라볼 수 있는 인내심도 키워 나가야 한다.

시대적 트렌드의 이해

핵가족화와 소득 수준의 증가, 그리고 여성의 사회참여에 따른 맞벌이 부부의 증가로 외식 수요가 꾸준히 증가하면서 외식문화도 발전하고 있다. 메뉴판의 차별화 작업, 패밀리 레스토랑의 증가, 테이크 아웃 커피 매장의 증가 등은 최근에 나타난 새로운 음식문화산업의 트렌드이다. 그 외에도 건강 지향적 추세에 따라 웰빙(well-being)과 유기농 식품의 출현, 스파 유행, 어린이나 노인을 위한 파티 문화의 확산 등도 새로이 나타난 트렌드이다. 이러한 사조(trend)를 잘 이해하고 간파하고 있어야 앞서가는 푸드 스타일리스트가 될 수 있다.

독창성과 전문성

푸드 스티일리스트는 멀티 플레이어야 하면서도 자신만의 독특한 영역을 가지고 있어야 한다. 예를 들면 동·서양의 조리법을 두루 알고 있으면서도 한식, 이태리식, 프랑스식, 중식, 일식, 태국식 등과 같은 조리법 중 어느 하나에서는 특별한 전문가가 되어야 한다. 더 나아가 포장이나 플라워어래인지먼트(flower arrangement)와 같은 영역의 전문성도 포함된다.

메뉴 개발 및 프로듀싱 능력

기획된 주제에 맞는 새로운 조리법을 개발하여 이윤 창출효과를 극대화시킬 수 있어야 하며 창업 컨셉 선정, 메뉴 플래닝, 주방의 집기나 식기 선정, 서비스 홀 내의 장식 등 창업과 관련된 전반적인 프로듀싱 능력이 필요하다.

기 타

이외에도 다양한 음식들에 대한 경험, 프롭에 대한 이해, 세계적인 도자식기에 대한 상식, 각종 직물의 색깔과 문양에 대한 안목, 외식 경영, 건강한 정신과 강인한 체력 등의 종합적인 능력을 요구하는 분야가 바로 푸드 스타일리스트 영역이다.

4. 푸드 스타일리스트의 전망과 발전 방향

일본에서는 1 · 2 · 3급으로 세분화된 공인자격증 제도가 있지만 우리나라에는 아직 푸드 스타일리스트에 대한 공인자격시험 제도 없이 1급과 2급으로 나누어진 민간자격증 제도가 있을 뿐이다. 따라서 더 늦게 전에 우리나라에서도 세분화된 급수에 따라 국가에서 공인하는 자격시험이 제도화되어야 한다는 주장이 나오고 있다.

푸드 스타일리스트는 그 직업 영역이 매우 다양하고, 신생 직업군이라 고용자수를 파악하기는 어려운 실정이다. 또한 프리랜서로 활동하는 전문가가 많기 때문에 급여 수준도 천차만별이다. 그러므로 꾸준한 자기 관리와 개발을 통해 자신의 가치를 높여야 한다. 교육기관에서의 정규교육이 끝났다고 바로 푸드 스타일리스트가 되는 것은 아니다. 일정 기간의 어시스트(assist) 과정을 거쳐서 잡지나 광고회사, 방송국 등을 스스로 찾아다니면서 자신의 포트폴리오를 보여주고 자신을 홍보해야 하는 노력이 바로 시작인 셈이다.

전 세계적으로 보면 500,000여 종의 직업이 있고, 우리나라에도 2만 여 종이 넘는 직업의 종류가 있다. 직업은 시대의 흐름을 반영하고 패션처럼 유행을 낳기도 한다. 비록 푸드 스타일리스트가 새로운 미래를 선도할 10대 유망 전문직에 들어 있을지라도 그 화려함 뒤에는 몇 배의 고통과 인내심을 요구한다는 것을 알아야 한다. 맛을 시각으로 전달해야 하는 스트레스, 무거운 짐이나 밤샘작업에 의한 체력 부족, 어린이에서부터 노인에 이르는 다양한 계층의 오감만족, 끊임없는 아이디어 창출 등이 수많은 난관 중의 일부이다. 결과적으로 푸드 스타일리스트는 멀티 플래이어(multi-player)인 동시에 자기만의 특별함을 가지고 있어야 한다. 다시 말하면 꽃, 문화, 그릇, 사진, 과학, 요리 등을 두루 섭렵해야 하고, 새롭게 부상한 웰빙과 같은 그 시대의 사조(trend)를 읽을 줄 알아야 함은 물론 전문 에디터가 되어야 한다. 그러나 한식 전문가, 양식 전문가, 음료 전문가, 디저트 전문가, 일식 전문가, 김치 전문가와 같이 어느 한 분야에서는 독보적인 전문성을 발휘할 줄도 알아야 한다.

도전하는 사람은 항상 아름답다고 한다. 나름대로의 철학과 꿈을 가지고 프로 근성으로 최선을 다한다면 다가오는 유행에 휩쓸리지 않고 오히려 유행을 창조하는 아름다운 예술가인 푸드 스타일리스트로 성공할 것이다.

Food

푸드 스타일리스트 교육기관

불과 몇 년 전만 하더라도 우리나라에는 전문적인 푸드 스타일리스트 교육기관이 없었다. 그러나 현재는 요리학원과 대학의 정규학과뿐만 아니라 사회교육원 과정도 속속 생겨나고 있고, 푸드 스타일링 과정, 테이블 세팅 과정, 파티 플래닝 과정 등으로 세분화되기도 한다. 외국의 경우에는 명성과 전통을 자랑하는 요리학교에 교육과정이 개설되어 있는데, 프랑스의 Le Cordon Bleu, 미국의 CIA(Culinary Institute of America)와 AIS(The Art Institute of Seattle), CCSN(Community College of Southern Nevada) 그리고 Johnson & Wales University, 일본의 JFCS(Japan Food Coordinator School)와 Blossom of Naoko 등이 그 좋은 예가 된다. 이들 교육기관에서는 푸드 스타일리스트의 기본 소양교육에서부터 플라워 어래인지먼트(flower arrangement), 식재료학, 사진학, 색채학, 잡지 · 포장지 · 광고에서의 스타일링, 촬영용 음식 만드는 기법, 식공간 연출, 식문화 등에 이르는 폭넓은 교과과정을 소화해 내고 있다.

Chapter 2*

Food Styling

비주얼 푸드 스타일링

Chapter 2*

비주얼 푸드 스타일링

색은 음식의 신선함과
품질, 조리된 상태를 반영하므로
음식물 특히 프레젠테이션에서 중요한 역할을 한다.
보기 좋은 색의 음식은 좋은 맛을 낼 수 있다.
(Delores Custer, CIA Lecture Material, 2002)

푸드 스타일리스트는 컨셉과 대상에 맞는 식품의 재료 · 식기를 선택하고 식공간과 주변 분위기에 어울리는 음식을 창조하여 먹음직스럽게 보이도록 하는 연출가로서 개인적인 감각능력이 필요하다. 푸드 스타일링에서 가장 먼저 생각해야 하는 부분은 눈으로 보여주는 시각적인 부분이다. 그러므로 이 장에서는 눈으로 보여주는 시각적인 부분과 관련된 푸드 스타일링에 관하여 살펴보고자 한다.

1. 음식과 색채

색은 어떤 물체를 인식하는 데 가장 중요한 판단 기준으로 인간이 먹는 음식의 경우 더욱 강한 영향을 주게 된다. 사람들은 음식을 먹을 때 혀의 감각(미각)만 사용해 맛을 느끼는 것이 아니라 시각 · 후각 · 청각 등의 모든 감각과 마음속에 저장되었던 기억까지 이용하게 된다. 이들 감각들 중에서 시각적인 정보가 제일 먼저 작용하여 즉각적이고 민감한 반응을 하게 된다. 음식에서 색채는 식욕의 증진, 감퇴, 음식의 상태, 신선도를 판단하는 기준이 된다. 또한 현장에서 음식을 개발 · 창작하고 푸드 스타일링을 하는 데에도 미적 감각과 색에 대한 이해가 필요하다. 그러므로 색에 관한 지식을 바탕으로 음식을 이해할 수 있어야 한다.

색채의 역할

푸드 스타일링에서 주제와 대상에 따라 또는 음식의 종류에 의해 색을 구성해야 하며, 스타일링되는 공간의 분위기와 주제에 맞게 색이 정해져야 한다.

색은 '빛깔' 이라고 하여 '일반적으로 색상, 명도, 채도로 나타낼 수 있는 모든 사물의 성질' 로 정의된다. 인간의 환경을 이루고 있는 요인 중에서 색채는 매우 감각적인 요인으로서 예술, 과학, 생활의 매우 다양한 영역에서 폭넓게 기능한다.

• 바탕색 : 배색의 베이스가 되는 색으로 테이블과 테이블 클로스에 응용할

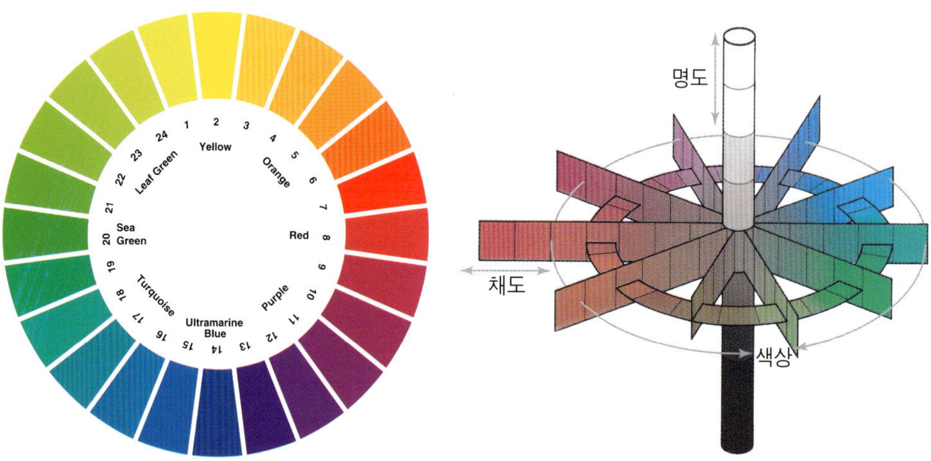

오스트발트의 색상환

먼셀의 색입체

그림 2-1 색상환과 색입체

바탕색 배합색 강조색

그림 2-2 **색채의 역할을 응용한 푸드 스타일링**

수 있다.

- **배합색** : 이미 정해져 있는 색에 대하여 나중에 조합하는 색으로 테이블 매트, 러너, 식기에 응용할 수 있다.
- **강조색** : 전체를 강조하기 위해 사용하는 작은 면적의 색으로 센터피스, 냅킨 링, 네임카드에 응용할 수 있다.

색채의 조화

색채는 색상, 명도, 채도의 3가지 속성에 의해 조화되며, 색채의 조화는 균형 있는 통일감과 변화를 갖출 때 색의 조화가 이루어진다. 조화는 유사 조화와 대비 조화로 나눌 수 있는데, 조형의 기본 요소인 점, 선, 면, 재질감, 형태, 색채가 잘 어울릴 때에는 유사 조화라고 하고, 반대되는 성질로서 잘 어울릴 때에는 대비 조화라고 한다.

유사 조화

색상이 같은 성격이나 비슷한 성격으로 서로 잘 어울리는 것을 말한다.

- **명도 조화** : 단계의 조화로 한 개의 색상에 여러 가지 명도의 색을 단계적으로 동시에 배색하는 방법을 말한다.

- **색상 조화** : 명도가 비슷한 색들을 동시에 배색하는 것을 말한다.
- **주조색의 조화** : 자연에서 볼 수 있는 여러 가지 색들 중에서 한 가지 색이 주류를 이루는 것을 말한다.

대비 조화

색상이 서로 다르거나 반대되는 성격으로 잘 어울리는 것을 말한다.

- **색상 조화** : 색상의 간격을 크게 하는 것을 말한다.
- **명도 조화** : 같은 색상에서 명도의 차이를 크게 하는 것을 말한다.
- **보색 조화** : 색상환에서 대각선 상에 있는 색상끼리 배색하여 얻어지는 것을 말한다.

색채 조화의 공통된 원리

색상은 서로 상호작용하며 두 개의 색상이 같이 있으면 조화를 이루기나 대조를 이룬다. 색채 조화의 공용되는 원리로는 질서 · 명료성 · 동류 · 유사 · 대비의 원리가 있다.

유사 조화

대비 조화

그림 2-3 **색채의 조화를 응용한 푸드 스타일링**

질서의 원리

질서의 원리(principle of order)란 색채 중에서 원칙에 의해 규칙적으로 선택된 색은 질서 있는 조화가 이루어져서 효과적인 반응을 일으킬 수 있다는 원리이다. 색채 중에서 무채색은 거의 모든 색과 무리 없이 어울리므로, 유채색 조화를 이룰 때 사용된다. 그림에서 내부의 규칙적인 선과 색들이 반복되어 조화되는 예를 보여준다.

그림 2-4 **질서의 원리를 응용한 푸드 스타일링**

그림 2-5
동류의 원리를 응용한 푸드 스타일링

동류의 원리

동류의 원리(principle of familiarity)란 일반인들에게 잘 알려져 있어서 친근하게 느껴지는 색들의 배색이 조화가 잘 된다는 원리이다. 친근감을 주는 색들로 동·식물의 색, 계절, 날씨 등 자연과 연관된 색들을 말한다.

명료성의 원리

명료성(비모호성)의 원리(principle of unambiguity)란 배합방법, 면적 등에서 애매하지 않고 명료하게 선택된 배색이 조화가 잘 이루어진다는 원리이다. 즉, 거의 같은 색이나 면적들은 조화를 이루기가 어렵고 색상, 명도, 채도 차이와 면적 차이가 확실한 색들이 조화를 이룬다.

유사의 원리

유사의 원리(principle of similarity)란 공통의 성질이 있으며 조화로운 배색의 원리이다. 조화를 이루지 못하는 배색의 경우 모든 색에 어느 하나의 색을 더하여 공통성을 부여하면 조화를 이룰 수 있다.

대비의 원리

대비의 원리(principle of contrast)란 배색된 색채들의 상태와 속성이 서로 반대되면서 모호한 점이 없을 때 조화된다. 반대색이나 보색관계에 있는 색들도 조화를 이룰 수 있는 원리이다. 보통 이러한 대비의 원리는 색의

그림 2-6 명료성의 원리를 응용한 푸드 스타일링

그림 2-7 유사의 원리를 응용한 푸드 스타일링

그림 2-8 대비의 원리를 응용한 푸드 스타일링

속성들이 모호한 점이 없이 서로 반대되므로 뚜렷한 성격을 나타낼 수 있다. 단, 순색끼리의 조화는 너무 강하므로 명도를 높이거나 채도를 낮추는 것이 좋다.

색채에 숨겨진 의미

인간의 오감 중에서 가장 신속하게 전달되는 것이 시각이다. 색을 보고 느끼는 감각에 의해 이미지가 결정되며, 미각, 후각, 촉각 등이 함께 뇌에 인식되어 색과 맛, 냄새, 소리, 촉감 등을 인식하게 된다.

빨간색

빨간색은 따뜻함, 관능, 정열을 상징하는 반면 반항과 잔인함을 상징하기도 한다. 또한 빨간색은 식욕을 돋우는 색이며, 초콜릿이나 껌처럼 충동구매되는 소비재 제품을 비롯한 많은 식료품에 이용되어 시선을 집중시켜 주는 역할을 한다. 한편, 패스트푸드점의 경우 장식을 빨간색으로 함으로써 소비자에게 식욕과 활기를 주어 빠르게 테이블 교체를 가능하게 한다.

자주색

자주색은 엄격하고 전통적이며 적갈색 또는 짙은 적색으로 표현되며 사치스럽고 우아한 느낌을 준다. 주로 달콤함, 따뜻함, 진한 맛을 느끼게 한다.

주황색

주황(오렌지)색은 따뜻함, 불, 햇살, 빛, 가을을 연상시키고 심리학적으로는 열정, 자극, 젊음과 관련이 있다. 주황색은 빨간색과 노란색의 속성을 갖고 식욕을 느끼게 해주며 보통 과일류나 조리된 식품의 제품과 잘 어울린다.

노란색

노란색은 생생함, 명랑함, 힘찬 느낌을 주는 친근한 색이다. 기쁨을 표현하고 강력하고 밝으며, 주황색과 같이 따뜻함과 빛을 연상시킨다. 또한 노란색은 검은색과 배치될 때 소비자의 시선을 집중시키는 효과가 있다.

그림 2-9 빨간색을 응용한 푸드 스타일링

그림 2-10 자주색을 응용한 푸드 스타일링

그림 2-11 주황색을 응용한 푸드 스타일링

그림 2-12 노란색을 응용한 푸드 스타일링

초록색

초록색은 매우 자연스러운 색이며 사람의 눈이 가장 인식하기 쉽다. 이 색은 음식에서 시원하면서 신선한 느낌을 주며, 특히 황녹색은 산뜻하고 신선한 느낌을 준다. 블루그린이나 그린블루는 색조가 밝을 때 대담한 색으로 보이며 건강, 신선함, 자연의 상징으로 채소 통조림, 담배 제품(주로 맨솔) 등에 사용된다.

파란색

파란색은 하늘, 물, 바다의 색으로 차가운 색이며, 환상과 자유, 꿈과 젊음의 느낌을 준다. 네이비블루는 비즈니스에 많이 사용되고 신뢰할 수 있는 색으로 인식되며, 스카이블루는 상쾌함과 건강함, 코발트블루는 밝고 활기찬 느낌을 준다. 파란색은 얼음을 연상시키기 때문에 특히 흰색과 같이 사용될 때 효과적이며, 냉동식품이나 간단한 음료수 표현에 적합하다.

검은색

검은색은 죽음, 애도, 슬픔, 고독 등과 연결되어 희망이나 미래가 없는 색의 느낌이 나지만 고귀함, 기품, 우아한 느낌도 내재되어 있어 와인, 초콜릿과 같은 고급스런 느낌의 제품에 종종 쓰인다. 검은색은 대비의 느낌이나 옆의 색상을 강조하는 데 효과적이어서 광고에 종종 쓰인다.

그림 2-13 **초록색을 응용한 푸드 스타일링**

그림 2-14 **파란색을 응용한 푸드 스타일링**

그림 2-15 **검은색을 응용한 푸드 스타일링**

2. 색채와 맛

음식에 있어서 맛은 생명이며 이러한 맛은 색에 의해 전달된다. 좋은 색의 음식을 보면 시선이 가고 먹어 보고 싶다는 충동이 생기는 것은 자연스러운 일이다.

식품의 색에 대한 선호도를 살펴보면 주황색과 빨간색을 가장 선호하고, 그 다음이 노란색, 연두색, 초록색의 순이다. 반면 갈색, 파란색, 보라색은 싫어하는 색으로 나타났다. 색채와 식욕과의 관계를 살펴보면 빨간색이 가장 식욕을 돋우는 색이며, 빨간색에서 주황색으로 갈수록 식욕은 더욱 자극된다. 노란색부터는 식욕을 감소시키며 연두색에서 그 정도가 낮아졌다가 초록이 되면 다시 식욕을 자극한다. 파란색, 보라색, 자주색은 식욕을 거의 자극하지 못하는 색이다. 따라서 대부분의 사람들에게 빨간색, 주황색, 갈색 등이 식욕을 돋우어 주는 색으로 알려져 있으며, 파란색과 자주색 등은 식욕을 자극하지 못하므로 음식의 색으로 잘 쓰이지 않는다.

음식에 있어서 색은 맛을 나타내므로 맛과 색을 정확히 표현할 수 있으면 훌륭한 음식이 될 수 있다.

- 단맛 : 빨간색, 핑크색을 사용하여 캔디나 젤리 등의 단맛과 달콤함을 느낄 수 있게 한다.
- 짠맛 : 청록색, 회색, 흰색 등 차가움을 표현하는 한색 계열의 색과 흰색의 소금에서 연상되는 짠맛을 나타낸다.
- 신맛 : 노란색, 연두색, 녹황색 등을 사용하는데, 노란색과 연두색의 시트러스 계열의 과일 색에서 신맛을 느낄 수 있다.
- 쓴맛 : 올리브 그린색과 밤색을 사용하며, 풀을 연상하는 그린 계열의 색에서 쓴맛을 연상할 수 있다.
- 매운맛 : 적색과 흑색을 사용하며, 고추와 칠리와 같은 붉은 색에서 매운맛을 느끼게 된다.

색채와 맛의 관계 활용

먼저 음식 본래의 색이 제대로 보이도록 식사 공간, 테이블 클로스, 식기 등의 색과 빛의 밝기 상태를 고려한다. 또한 모든 음식과 식재료가 그 고유

1~2 단맛을 느끼게 하는 푸드 스타일링
3~4 짠맛을 느끼게 하는 푸드 스타일링
5~6 신맛을 느끼게 하는 푸드 스타일링
7~8 쓴맛을 느끼게 하는 푸드 스타일링
9~10 매운맛을 느끼게 하는 푸드 스타일링

그림 2-16 **맛에 따른 푸드 스타일링**

의 색으로만 보이는 것이 아니라는 점도 염두에 두어야 한다.

예를 들어 버터는 본래의 색이 노란색이지만 더 먹음직스럽게 보이기 위해서 착색을 하는 경우가 많다. 이처럼 식품의 미각적 이미지를 향상시키기 위해 직접 식품에 색을 이용하거나 식욕이나 식품의 구매욕으로 연결되도록 영향을 주는 색의 기능을 푸드 스타일링 또는 식품산업이나 외식산업의 색채계획에 활용할 수 있다.

미술에서 색이 주는 이미지는 그림 2-16과 같이 5가지 영역(A, B, C, D, E)으로 표현하여 이 영역들을 음식과 연계하여 이해하면 푸드 스타일링을 하는 데 큰 도움이 된다. 횡축은 시원함(cool)과 따뜻함(warm)을 양극에 두고, 종축은 부드러움(soft)과 딱딱함(hard)을 양극으로 하여 색 이미지와 음식의 맛을 연결한다.

A 영역 이미지

부드러우면서 시원한 이미지의 영역으로 대표색은 파란색 계열이며 여기에 어울리는 음식은 싱싱한 느낌의 생선회, 샐러드, 청량음료 등이다.

B 영역 이미지

부드러우면서 따뜻한 이미지의 영역으로 노란색이 대표색이며, 가장 대중적인 색의 이미지로 부담감 없고 친숙한 느낌을 주는 영역이다.

C 영역 이미지

무거우면서 따뜻한 이미지의 영역으로 토속적이며 민속적인 음식들이 여기에 속한다. 은은하고 깊은 맛과 정감있는 맛을 연상하게 하는 색깔 이미지이다.

D 영역 이미지

무겁고 차가운 이미지의 영역으로 음식에 잘 쓰이지 않는 색깔이다. 썩

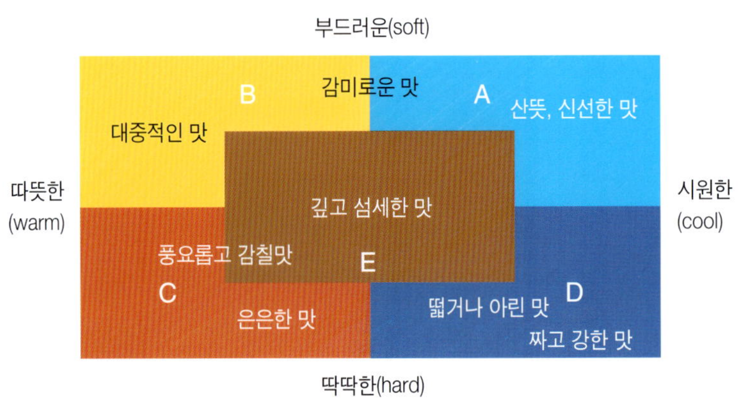

그림 2-17 색채와 음식의 맛

1	2	3	4
5	6	7	8
9	10		

1~2 A 영역 이미지를 활용한 푸드 스타일링
3~4 B 영역 이미지를 활용한 푸드 스타일링
5~6 C 영역 이미지를 활용한 푸드 스타일링
7~8 D 영역 이미지를 활용한 푸드 스타일링
9~10 E 영역 이미지를 활용한 푸드 스타일링

그림 2-18 **영역별 이미지를 활용한 푸드 스타일링**

은 감자, 독성이 있는 어패류, 부패한 음식 등을 연상하게 해준다.

E 영역 이미지

중앙 부분은 중립적인 영역으로 갈색 톤이 대표적이며 가장 자연적인 색상 영역이다. 구운 고기 등이 여기에 속하게 된다. 위 영역에서 A, C, E 영역 이미지는 요리에 많이 쓰이며 권장할 만한 영역으로 긍정적인 라인(✓

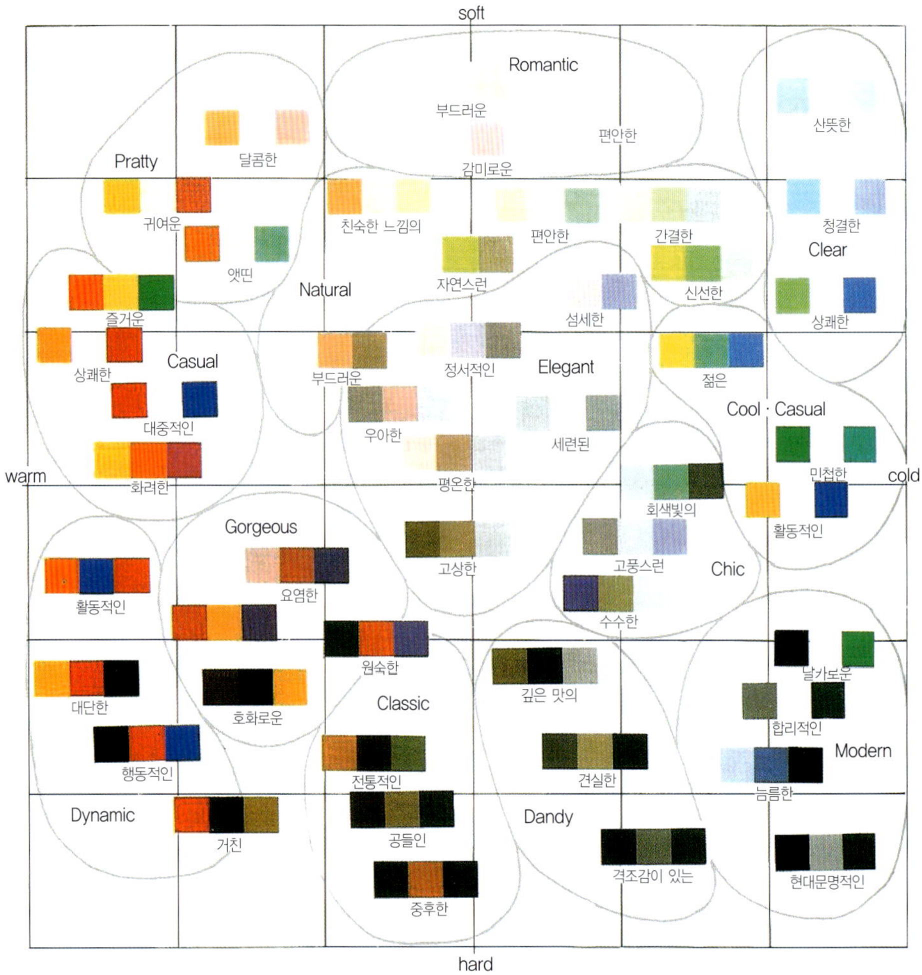

그림 2-19 **기본 감성 분류에 따른 색채의 시각적 이미지**

방향)을 형성한다. 반대로 B와 D 영역 이미지는 요리에 권장할 만한 색 이미지가 아니므로 부정적인 라인(↘방향)이다. 이러한 점을 고려하여 푸드 스타일링에 응용해야 한다.

전통음식의 색채

우리의 전통음식은 원재료의 색상이 화려하지 않고 대부분 열을 가해 익히고, 갈고, 발효시키는 과정을 거쳐 만들어지기 때문에 대부분의 음식이 선명한 색상을 지니지는 못하였다. 우리나라 사람들은 음식의 맛과 색채에서 음양오행의 원리를 지키려 하였으며, 오방색은 다섯 가지 맛과도 연관된다. 화(火)는 쓴맛, 수(水)는 짠맛, 목(木)은 신맛, 금(金)은 신맛, 토(土)는 단맛을 나타낸다. 오방색의 고명은 우리나라 특유의 것으로 음식의 색채를 화려하게 하여 즐거움을 주며, 미각과 시각을 돋워주는 역할을 한다.

궁중음식

궁중음식도 오방색을 기본으로 한다. 예를 들어, 음양오행 사상과 연관이 되며 '음'을 상징하는 것으로 육류를 사용하고 '양'을 상징하는 오이, 당근 등 식물성 식품을 재료로 한다. 청색은 오이, 적색은 당근, 황색은 달

그림 2-20 **궁중음식의 스타일링**

그림 2-21 **한과의 스타일링**

갹 노른자, 흰색은 달걀 흰자, 흑색은 쇠고기로 오색 포함하여 오행의 조화를 이룬다.

한 과

한과의 색은 음양오행 사상에 근거한 오방색과 재료의 고유색으로 크게 나눌 수 있다. 오방색 위주의 한과 색채를 살펴보면 우리 민족을 즐겨 먹던 '오색강정' 과' 오색다식' 이 있다. 오색강정은 송화, 승검초, 홍세건반, 백세건반, 흑임자강정 등이고, 오색다식은 오미자, 승검초, 송화, 흑임자, 녹말이다. 이 색들은 적(赤), 청(靑), 황(黃), 백(白), 흑(黑)으로 오방색을 나타내고 있다.

기 타

혼례와 회갑연에서 한과는 거의 유사한 색상을 사용하여 잔치의 느낌을 더하였다. 반면 제례에서는 채도가 낮은 무채색에 가까운 색을 사용하였다. 이와는 반대로 궁중의례에서는 보다 다양한 색상으로 화려하고 성대한 분위기를 나타내었다.

3. 음식 담기

아름답게 담아진 음식은 먹는 사람의 눈을 즐겁게 해주면서 식욕을 불러일으킨다. 또한 음식을 만드는 사람들은 먹음직스럽고 아름다운 음식을 만들고 싶다는 생각을 한다. 음식이 맛있다고 하는 것은 단순히 맛만 가지고 이루어지는 것이 아니며 시각적인 미에 의해서 좌우된다. 또한 자신의 개성이 나타날 수 있는 독특한 어떤 것을 표현하고자 한다. 음식을 정성껏 만들고 가장 마지막에 하는 작업이 그릇에 음식을 담는 일이다. 음식을 먹기 쉽고 집기 쉬우며, 그릇과의 균형을 고려하여 배치한다.

그림 2-22는 우리의 식욕에 영향을 주는 정보의 비율을 나타낸 것이다. 다섯 가지 감각을 통해 얻은 정보 중에서 가장 많이 차지하는 요소는 시각으로부터 얻는 정보이다. 이러한 정보는 실내 인테리어와 내부 장식, 테이블 클로스가 70%를 차지하며, 그 나머지를 식기와 음식이 차지한다. 즉, 식

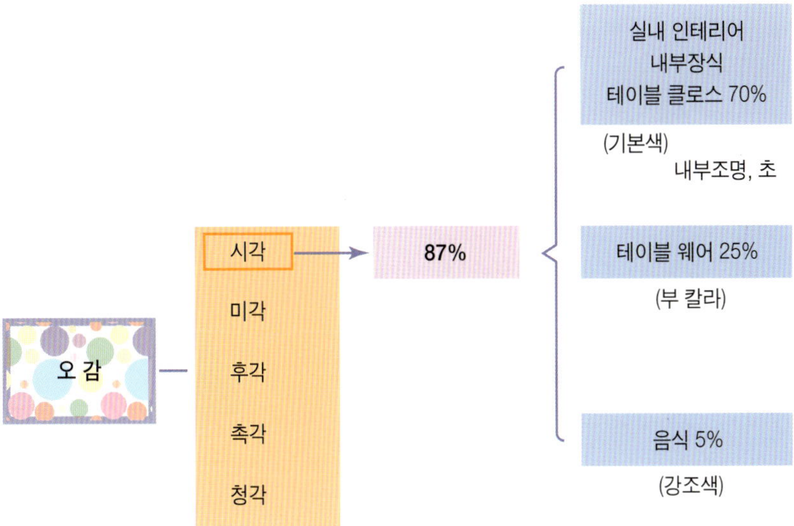

그림 2-22 **식욕에 영향을 주는 요소**

공간에서 시각적인 효과에 영향을 주는 비율은 음식은 5%의 면적을 차지하고 있지만 음식이 담긴 그릇은 25%를 차지한다. 그러므로 그릇 담기와 배치는 식탁의 주역으로서 음식을 효과적으로 담는 것은 매우 중요하다.

음식을 담는 것을 보다 더 잘 표현하기 위해서는 기본 구도를 알고 응용력을 키우며 조금씩 변화를 주어 맛뿐만 아니라 시각, 후각, 청각 등 오감을 충족시켜 주어야 한다.

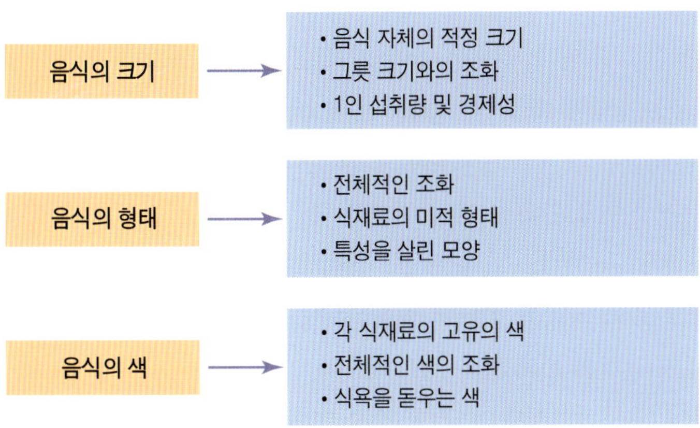

그림 2-23 **완성된 음식의 외형(appearance)을 결정하는 요소**

그림 2-24 **한국음식의 스타일링**

그릇 위에 놓여진 완성된 음식의 외형을 결정하는 요소에는 음식의 크기, 모양, 색이 있다. 이들 요소의 특성을 잘 이해하여 음식을 담을 때 반영하도록 한다.

한국음식

한국음식의 경우 면적 대칭이 주를 이루며 구절판, 신선로 등이 대표적인 음식이다. 우리나라 전통 상차림의 색채 특징에 영향을 미치는 요인을 살펴보면 주로 채 썰기, 다지기 등 썰기의 모양에 영향을 받으며 찌개, 국, 젓갈 등 국물의 양에 따라 담는 법도 달라진다. 그리고 식기는 음식을 담는 기능과 함께 상을 장식하는 역할을 한다.

한국음식은 오방색을 기본으로 조화를 이루는데, 적색으로 홍고추 · 당근 · 쇠고기 등, 황색으로 달걀 등, 청색으로 미나리 · 은행 등, 흰색으로 흰살생선 · 잣 · 호두 · 두부 · 무 등, 흑색으로 표고버섯, 석이버섯 등을 활용하여 오행의 조화를 이룬다.

그림 2-25 서양음식의 스타일링

그림 2-26 중국음식의 스타일링

그림 2-27 일본음식의 스타일링

서양음식

서양음식은 주로 접시 위에서 공간배치와 색의 조화를 이루며 통일성과 리듬감을 강조한다.

그릇은 테이블 스타일과 어울리는 식기를 사용하고 음식이 맛있게 보일 수 있는 것으로 선택한다. 사이드 메뉴가 접시의 중앙을 차지하지 않도록 하며, 이미지에 맞는 색감을 표현하도록 한다. 소량을 담는 것이 중요하며, 수프는 뜨겁게 서비스하도록 한다. 빵은 식탁 위에 내놓기 전에 반드시 뜨겁게 하고 바구니 등에 담아 놓아도 좋다.

중국음식

중국음식은 다양한 조리기술로 음식 자체를 예술적으로 표현한다.

그릇은 요리의 종류, 색, 분량과 맞는 것으로 선택하고, 주재료가 그릇의 60%를 차지하도록 하여 눈에 띄도록 하며, 그 외 부재료는 주재료를 받쳐주는 역할을 할 수 있도록 한다.

일본음식

일본음식은 주로 색과 모양을 중요하게 생각하며 다양하게 연출한다.

계절감을 표현하도록 하며, 식기의 중앙에 여백을 만든다. 여러 종류의 요리를 담을 때는 홀수로 놓을 수 있도록 하며, 그릇을 놓을 때 그릇의 정면이 보이도록 배치한다.

Chapter 3*

Food Styling

푸드 스타일링의 작업현장

Chapter 3*

푸드 스타일링의 작업현장

여러 가지 식재료들의 배합과 조리과정을 통해
새롭게 창출된 음식과 주변의 식기 그리고 테이블 웨어들과의
조화로운 만남을 통해 더욱 아름답게 연출되는 식(食)의 모습에서
홀로서기보다는 이웃과의 어울림을 통해 더욱 아름다운 자신이
창조될 수 있다는 인생의 참 진리를 깨달을 수 있다.
(김상연, 신문화 속에 깃든 멋을 찾아, 2004)

푸드 스타일리스트가 활동할 수 있는 일의 영역은 매우 광범위하고 다양하다. 이 장에서 푸드 스타일리스트가 활동하는 일의 영역 중 대표적인 작업현장인 잡지사와 방송사에서의 작업과정과 내용에 대해 구체적으로 살펴보고자 한다.

1. 잡지에서의 푸드 스타일링

잡지(magazine) 또는 무크(mook)에서 푸드 스타일링은 크게 기획, 섭외, 시안 상의, 푸드 스타일링 준비, 촬영, 편집 및 디자인, 인쇄 순으로 진행된다. 잡지에서 푸드 스타일링 시 가장 중요한 요소는 그 잡지가 기획하고자 하는 의도와 방향에 대한 컨셉(concept)을 확실하게 받아들이고 이해하는 것이다. 그러므로 푸드 스타일리스트는 담당자들과의 회의와 조율을 거친 컨셉으로 연출할 수 있어야 한다.

기 획

잡지 기획(planning)에서 가장 중요한 요소는 아이템을 결정하는 것이다. 따라서 잡지에서 주로 다루는 주제가 무엇인지 알고, 그 주제에 따른 아이템들에 대한 자료를 평상시에 모으고 정리해야 한다. 일반적으로 최근 신문이나 인터넷 자료 및 각종 외국 잡지 등의 스크랩 자료를 활용하여 기획 아이템을 준비한다. 한편, 당장 쓸 수 없는 아이템이라도 월별 파일을 만들어 추후에 사용될 때를 대비해야 한다. 일반적으로 잡지에서 주로 다루는 주제 또는 아이템은 표 3-1, 그림 3-1과 같다.

섭 외

기획하고자 하는 주제가 정해지면 그 주제를 전문적으로 잘 연출할 수 있는 포토그래퍼(photographer), 요리연구가, 푸드 스타일리스트(food stylist), 그래픽 디자이너(graphic designer), 필자(food writer) 등 필요한 인원을 사전에 섭외(public relations)하여 스케줄을 맞추어 나가는 업무를 진행한다.

시안 상의

시안(試案)이란 시험적으로 만든 안을 말한다. 정해진 주제를 잡지 칼럼

무크(mook)란?

잡지(magazine)와 서적(book)의 합성어로서 부정기 간행물로 잡지의 형식과 서적의 내용을 절충한 새로운 형태의 출판물을 말한다. 미국에서는 매거북(megabook), 부커진(bookazine)이라고도 한다. 무크지로 출판하는 분야는 문학, 요리, 패션 등 다양하며 일반적으로 컬러 사진을 많이 넣어 시각적 요소를 강조하는 것이 일반적인 경향이다.

에 어떻게 구성하고 연출할 것인지에 대한 방향이 편집부에서 결정되면 푸드 스타일리스트와 그래픽 디자이너, 편집자(editor)가 함께 참여하여 잡지 칼럼의 시각적인(visual) 방향과 레이아웃을 결정하고 시안을 상의한다. 푸드 스타일리스트는 주제에 맞게 연출할 음식 등에 대한 시안 마련을 위해 자신이 가지고 있는 자료들을 시각적 측면에서 정리하여 시안 상의에 임하는 태도를 가져야 한다.

준비 및 촬영

시안 상의 후 촬영이 이루어지기까지는 푸드 스타일리스트에게 2~3일에서 1주일 정도의 준비기간이 주어진다. 담당 기자 또는 편집자의 효율적인 의사소통(communication)을 위해 촬영의뢰서와 최종 확정된 컨셉에 맞는 시안 및 메뉴 리스트 등을 서로 주고받으며 촬영 준비에 들어간다. 푸드 스타일리스트는 촬영에 필요한 소품을 철저하게 준비해야 하며, 소품을 협찬

표 3-1 잡지에서 주로 다루는 아이템

아이템	종 류
트렌드 아이템 (trend item)	그 해 또는 그 시대의 트렌드(trend)를 반영한 아이템 : 건강음식(well-being food), 올리브유(olive oil), 유기농 식품(organic food), 컬러 푸드(color food), 민족성 음식(ethnic food) 등
계절 아이템 (season item)	계절을 반영하는 아이템 : 봄(두릅, 돗나물), 여름(수박 화채, 냉면), 가을(송편, 밤, 대추), 겨울(김장, 크리스마스 만찬) 등
식문화 아이템 (food culture item)	한 국가를 대표하는 음식 아이템 : 태국의 톰얌쿵, 인도의 카레, 멕시코의 또딜라, 이탈리아의 파스타, 한국의 김치와 불고기, 일본의 생선초밥 등
영양학적 아이템 (nutrition item)	영양과 관련된 음식 아이템 : 블랙푸드(검정콩, 검정두부), 레드푸드(토마토, 석류), 화이트푸드(마늘), 균형식(balanced diet), 건강기능성 식품(스쿠알렌), 스포츠 음료(포카리스웨트)
테이블 세팅 (table setting)	테이블 소품(클로스,매트, 커틀러리, 냅킨, 네임카드), 손님 초대상차림 등
조리방법 (cooking method)	걸쭉하게 끓이기(stewing), 은근하게 끓이기(simmering),데치기(blanching), 튀김(frying), 굽기(roasting), 찜(steaming) 등
도구 아이템 (utensil item)	온도계, 거르는 망, 계량 컵, 계량스푼, 치즈 크레이터, 필러, 제스터 등
식재료 아이템	레디시, 방울토마토, 와인, 치즈, 커피, 파스타

Field for food styling

1	2	3
4	5	6
7	8	

1 트렌드 아이템
2 계절 아이템
3 식문화 아이템
4 영양학적 아이템
5 테이블 세팅 아이템
6 조리방법 아이템
7 도구 아이템
8 식재료 아이템

그림 3-1 잡지에서 주로 다루는 아이템들

받을 경우에는 공문서 발행과 소품 픽업(pick-up) 과정을 거쳐야 한다.

그림 3-2는 촬영의뢰서의 한 예로서 푸드 스타일리스트는 잡지사에서 보내준 촬영의뢰서에 도형화 형태로 표현되는 레이아웃을 해석할 수 있어야 한다. 해석방법은 그림에 나타난 바와 같이 요리는 1품목당 1품이라고 표현하며, 한 페이지에 두 개의 박스와 함께 사선이 그어져 있을 경우 요리 사진이 두 가지가 들어감을 의미한다. 따라서 총 4페이지에 요리가 6품목이 들어감을 의미한다. 푸드 스타일리스트는 촬영의뢰서의 전체적인 페이지의 배열과 여백을 고려해서 소품들을 활용하여 음식을 연출해야 한다. 그림 3-3은 푸드 스타일리스트가 촬영의뢰서에 맞춰 선정한 메뉴리스트의 예이다. 그림 3-2와 같은 촬영의뢰서에 맞춰 실제 촬영에 들어간 음식 연출의 실례는 그림 3-4와 같다.

편집 및 디자인

촬영이 진행되는 동안 내용에 따라 레이아웃이 바뀔 수 있다. 편집과 디자인이 다시 한 번 재수정된 것을 보고 최종적으로 확정된다.

인 쇄

디자인을 마친 후 그 파일을 출력소로 넘겨 출력한 후 필름 상태에서 이상이 없으면 그 필름을 인쇄소로 보내 인쇄하고 제본하여 그 달의 잡지로 완성한다.

잡지에서의 푸드스타일링 작업 순서

기획 →	섭외 →	시안상의 →	준비 · 촬영 →	편집 · 디자인 →	인쇄
• 주제 결정 • 스크랩 자료 • 활용	• 포토그래퍼 • 요리연구가 • 푸드스타일리스트 등 관련 전문가 • 인원 섭외	• 연출방향 결정	• 촬영의뢰서 • 최종 시안 • 메뉴리스트 • 교환 • 소품준비	• 레이아웃 확인 • 디자인 최종 확정	• 잡지완성

촬영의뢰서

컬럼명 : food	기사 형식 : 화보	쪽수 : 4페이지
담당기자 : ○○○	푸드 스타일리스트 : ○○○실장	디자인 담당 : ○○○
Photo : ○○○	촬영장소: foodandstyle	촬영일시 : ○월 ○일

컬럼명	저칼로리, 저지방식, 요리(Asian style)

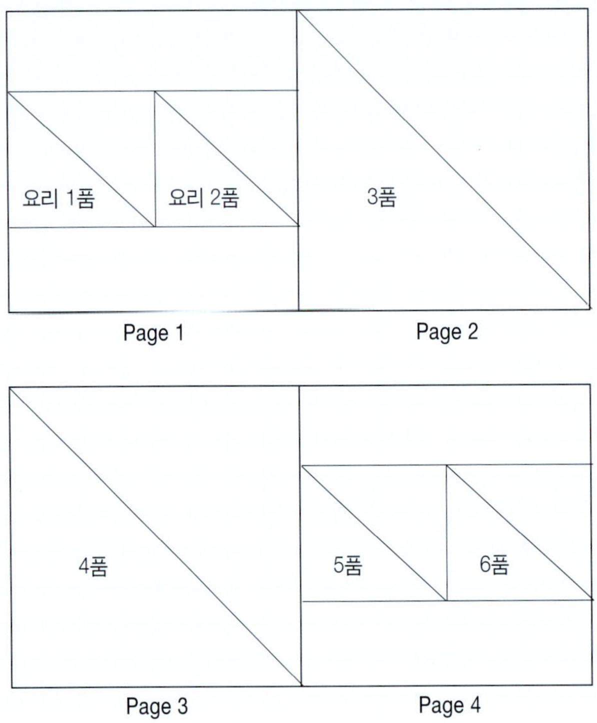

TIPS FOR FOOD STYLIST

Page 1에는 요리 사진 두 가지가 들어가며 page 2에는 한 가지 품목의 요리 사진이 전체 페이지를 차지함을 의미한다. 따라서 이 의뢰서는 총 4 페이지에 6품목의 요리 사진을 연출해야 하며 배열(layout)은 그림 3-1에 나타난 바와 같이 페이지를 차지한다.

TO : ○○○ 기자님

FROM : ○○○ 실장님
H.P. 010-73××-××××
TEL : 02-597-×××× FAX : 02-597-××××

Menu List

1. 청경채와 누들
2. 양배추롤찜
3. 소이빈 수프(미소를 이용한 일본식 스타일의 수프)
4. 버미셀리 샐러드
5. 두부에 곁들인 오이 소스
6. 오이찜
7. 카피르 연어와 그릴라임
8. 연어 가르파쵸
9. 브로콜리 샐러드와 브라운 소스(오이스터 소스를 이용한 채소 샐러드)
10. 펌프킨 셔벗
11. 오이 요거트 샐러드(그리스 스타일의 오이 샐러드)
12. 자바글리오네(모둠 과일에 와인 거품을 얹은 요리)

이상 12품목을 선정해 보았습니다.
보시고 궁금한 사항이 있으시면 연락주세요.
좋은 하루되세요.

20○○년 ○월 ○일

TIPS FOR FOOD STYLIST

잡지사에서 6가지 품목만을 요구하더라도 2~3배 정도 더 메뉴 품목을 선정하여 선택의 여지를 주도록 한다.

그림 3-3 **푸드 스타일리스트가 잡지사에 보내는 메뉴리스트의 예**

TIPS FOR FOOD STYLIST

1 소이빈 수프와 두부에 곁들인 오이 소스 : 소이빈 수프는 미소로 만든 닭고기 수프이다. 미소의 특성상 잘 가라앉으므로 사진촬영 직전에 국물을 부어 주고 보이는 닭고기와 콩은 육안으로 보일 수 있게 하기 위해 건더기를 올려 연출하였다.

2 카피르 연어와 그릴라임 : 카피르 연어와 그릴라임은 먹음직스럽고 방금 구운 듯한 느낌을 연출하기 위해 앵글상의 초점 부분에 뜨거운 기름을 발라 연출하였다.

3 청경채와 누들 : 청경채와 누들은 가지런하게 보이도록 소면은 묶어서 삶아 올리고 건더기는 따로 만들어 카메라 앵글상에 보이는 부분에 올리며, 국물은 사진연출 직전에 부어 연출하였다.

4 브로콜리 샐러드와 브라운 소스 : 브로콜리 샐러드와 브라운 소스는 후레시한 느낌으로 연출하기 위해 채소를 브랜칭하여 찬 얼음물에 넣어 싱싱하게 만들고 접시에 담은 후 소스는 따로 만들어 담아준다.

그림 3-4 **촬영의뢰서(그림 3-2)에 맞추어 연출한 푸드 스타일링**

표 3-2 푸드 스타일링에 도움되는 외국 잡지

표 지	출판국	소 개
	호주	월간지, 요리전문 여행 잡지로 다양한 요리와 정보가 실려 있다.
	미국	월간지, 토털 코디네이션, 생활잡지로 마사 스튜어트(Martha Stewart)라는 푸드 스타일리스트가 발행하는 월간지로서, 스타일과 색감이 뛰어났다. 영아, 어린이, 요리, 웨딩 등 다양한 장르를 포함한다.
	호주	격월간지, 잡지의 구성과 기획 및 스타일링이 뛰어난 요리 잡지이다.
	호주	요리전문 무크지(mook)로 시리즈로 나와 있다.
	호주	월간지, 요리전문 잡지 도니 헤이(Donna Hay)라는 푸드 스타일리스트가 발행하는 월간지이며, 요리와 스타일링이 매우 감각적이다.
	독일	월간지, 테이블 데코, 리빙, 음식 등이 소개되어 있으며, 색감이 뛰어나다.
	독일	월간지, 테이블 데코, 리빙, 토털 데커레이션 잡지이다.
	독일	격월간지, Elle에서 나오는 요리전문 잡지, 라이센스지로 나라별 개정되어서 나온다.

표 지	출판국	소 개
	프랑스	격월간지, 일본판은 1년에 4번 나오며 요리전문 잡지이다.
	미국	1년에 10번 나오는 합본지이며, 리빙 위주로 색감이 뛰어나며 트렌드 반영 속도가 빠른 라이프 스타일링 잡지이다.
	일본	월간지, 요리 레시피가 자세하게 소개되고 있으며, 다양하고 오밀조밀한 스타일링을 엿볼 수 있다.
	미국	월간지, 요리 중심의 와인 전문지로 정평이 나 있으며, 소믈리에나, 푸드라이터들이 많이 보는 잡지이다.
	미국	월간지, 미국적 성향이 매우 짙어 내추럴한 요리와 스타일링이 많이 있는 요리 전문 잡지이다.
	독일	격월간지, 유럽풍의 요리와 스타일링이 주로 실려 있는 요리전문 잡지이다.
	호주	월간지, 셰프 중심의 요리가 많은 요리전문 잡지이다.

* 실제적으로 시안 상의는 외국 잡지로 의사소통(communication)하는 경우가 대부분이므로 구독하거나 좋은 시안이 있으면 복사해 놓도록 한다.

표 3-3 푸드 스타일링과 관련된 국내 잡지

출판사	잡지명	출판사	잡지명
서울문화사		동아일보사	
(주)웅진닷컴		조선일보	
(주)시공사		(주)삶과 문화	
(주)GMD미디어		(주)P&C	
사외보		사외보	
(주)학원사		전문지	
(주)베스트홈		(주)더퍼스트	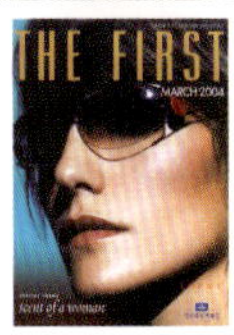

2. 요리책에서의 푸드 스타일링

푸드 스타일리스트는 음식만 스타일링하는 것이 아니라 때로는 기획과 함께 편집 업무도 함께 수행해야 하는 경우가 있다. 그러므로 요리책 구성 시 필요한 기획안을 만들 수 있는 능력도 함께 배양해야 한다.

기 획

요리책을 기획(planning)할 때 가장 중요한 요소는 요리책의 목적과 방향을 분명하게 설정하는 일이다. 출간할 요리책의 목적과 방향이 설정되면 요리책을 어떻게 구성할 것인지에 관해 구체적인 기획서를 작성해야 한다.

출판사에서 푸드 스타일리스트에게 직접 요리책을 의뢰할 수 있으므로 기획서 작성방법에 대해 잘 알아야 한다. 기획서 작성 시 기획서의 목적과 기획방향에 대해 분명히 서술하고, 제작물의 사양과 특이사항, 그리고 전체적으로 요리책에 포함될 내용에 대한 목록을 구체적으로 적어야 한다(그림 3-5 참조).

촬 영

요리책의 촬영은 잡지의 촬영과 크게 다르지는 않으나 잡지보다 촬영 이전에 보다 철저한 시안작업과 여러 번의 폴라로이드 테스트를 거친 후 본 촬영 작업에 들어간다. 한편, 요리책의 표지는 전체적인 책의 내용을 대표하는 이미지이므로 신중히 기획하여 맨 나중에 촬영을 진행하여야 한다.

완성도 있는 작품을 위해 시안작업은 철저히 준비해야 한다. 그러한 시안을 토대로 요리책의 전체적인 흐름이 일관성 있는 스타일링을 할 수 있다. 즉, 시안작업 시 요리책의 전체적인 주제와 컨셉에 맞춰 이미지와 레이아웃이 훌륭한 자료들을 활용하여 사진 이미지를 사전에 구상해 봄으로써 완성도 있는 작품을 창출해 낼 수 있다.

그림 3-6은 '웰빙 샐러드' 사진연출 전에 이루어진 시안들이다. 2장씩 묶어서 시안작업을 함으로써 오른쪽 페이지와 왼쪽 페이지의 음식, 배경, 그릇, 소품, 전체적인 느낌(간지) 등 연출된 스타일링의 연결성과 다양성을 고려하여 연출할 수 있다. 또한, 가운데 접지 부분에 접히는 부분을 고려할 수 있으므로 완성도 있는 작품을 연출할 수 있다.

'웰빙 샐러드' 기획서

1. 요리책의 목적

기존에 '샐러드와 소스' 라고 하는 개념의 요리책들이 출판되고 있는데, 근본적으로 소스와 드레싱은 용도가 다르다. 엄밀히 말하자면 '샐러드에는 소스를 얹어 먹는 것이 아니라 드레싱 뿌려 먹는다' 는 표현이 맞다. 이 책은 샐러드 드레싱의 정확한 개념과 베이직에 충실한 드레싱 레시피를 정립하는 데 1차적인 목적이 있으며, 웰빙이라는 시대적 트렌드를 반영하려는 데 또한 목적을 둔다.

2. 요리책의 기획 방향

21가지 샐러드 드레싱의 재료를 베이직으로 하여, 샐러드 요리 80가지와 252가지의 응용 드레싱을 선보이고, 각종 샐러드에 관한 정보와 식재료, 과정, 레서피, 함께 먹으면 좋은 채소와 드레싱 등의 다양한 정보를 제공하는 샐러드 드레싱 가이드북을 만드는 데 기획 방향을 잡는다.

3. 제작물 사양 및 특이사항

① 사이즈 : 20 x 25cm 판형
② 인쇄 부수 : 1쇄 5,000부
③ 종이 재질 : 아트지
④ 제본방법 : 중철

4. 요리책의 목차

앞표지	구분	내용
1p		인트로 들어가기 전 면지 삽입
2~3p		각종 샐러드에 관한 정보들
4~13p		Olive oil base
14~15p	Chapter 1	오일의 종류 및 정보제공
16~19p		Salad 4ea
20~21p		Dressing 12ea
		1. 프렌치 드레싱
		2. 이탈리안 드레싱
		3. 프렌치 과일드레싱
		.....
22~23p	Chapter 2	Mayonnaise Base
24~27p		Salad 4ea
28~29p		Dressing 12ea
		1. homemade mayonnaise
		2. tradition mayonnaise
		3. blender mayonnaise

그림 3-5 푸드 스타일리스트가 작성한 요리책 기획서의 사례

Field for food styling

TIPS FOR FOOD STYLIST

Vogue entertaining, Donna hay, Gourmet treveller, martha stewart living 등 외국 잡지들에 실려 있는 비주얼한 사진들을 찾아서 시안작업을 한 것이다.

그림 3-6 **웰빙 샐러드 사진 연출 전에 이루어지는 시안작업의 예**

그림 3-7은 폴라로이드 테스트를 통해 전체적인 컬러와 느낌(간지), 이미지를 확인할 수 있으며, 이를 통해 전체적인 흐름의 일관성을 유지할 수 있다. 최근에는 디지털 카메라의 출현으로 이러한 작업을 보다 수월하게 수행할 수 있게 되었다.

Field for food styling

그림 3-7 **폴라로이드 테스트**

요리책 스타일링 시 현장에서 자주 사용하는 용어

푸드 스타일링의 작업현장에서 자주 사용하는 용어는 주로 일본에서 전래되었다. 향후 이러한 용어는 국내 용어로 대체되어야 할 것이나 현재 작업현상에서 사용하고 있으므로 간략하게 용어의 의미를 이해하는 것이 좋다.

베다 : 확실한 어원은 알수 없으나 일본어로 배경을 의미하며, 푸드 스타일링 시 음식의 배경으로 천, 종이, 나무, 한지, 유리 등 주변에 있는 아이디어적인 소재들을 의미한다.

TIPS FOR FOOD STYLIST

참깨 드레싱(sesame dressing)과 너트 드레싱(nut dressing)의 베다는 나무합판으로 만든 배경으로 사포로 문질러 조금은 거친 느낌을 만들어 준 다음 그 위에 흰색을 바른 후 자연스럽게 붓이나 스크래퍼 등으로 원하는 컬러와 느낌을 만들어 준다.

히라끼 : 요리가 두 페이지를 차지하면서 펼쳐져서 연결된 그림으로 스프레드(spread)라고도 한다.

누끼 : 배경 이미지로부터 원하는 개체만을 선택하는 작업을 말한다.

도비라 : 표지 사진 혹은 이미지 컷(image cut)을 의미한다.

간지 : 느낌(feeling) 혹은 효과를 말한다. 간지의 간은 '사이 간'을 의미할 뿐만 아니라 푸드 스타일리스트 사이에서는 좋은 느낌의 이미지를 간지라고 한다. 도비라 역시 간지에 속한다.

과정 : 요리가 만들어지는 순서를 말한다.

Point Tip

파프리카 굽기

파프리카에 올리브오일을 바른 다음 석쇠 위에서 센 불로 구워 껍질을 태워 벗긴다.

1 찹쌀가루와 베이킹파우더 섞어 체에 내리기
2 설탕과 바닐라 설탕 고루 섞기
3 정사각 틀에 유산지 깔아놓기
4 오븐 190℃로 15분간 예열하기

편 집

촬영 후에는 음식의 레시피에 있는 원고를 정리 및 편집해야 한다. 원고 정리할 때 표준 레시피와 표준단위를 사용하여야 하며, 식품재료학적 측면과 함께 영양학적 측면을 함께 고려하여 원고를 정리해야 한다.

디자인

디자이너는 매킨토시 쿽 익스프레스(quark express)라는 프로그램을 이용해 편집을 하고 디자인에 따라서 사진의 크기 등을 정하여 필름 스캐닝을 한다. 이때 출판용으로 좋은 질을 제공하기 위해서는 대부분 드럼 스캔이라는 과정을 거친다.

인 쇄

요리책도 잡지와 마찬가지 방식에 의해 인쇄가 이루어진다. 즉, 디자인을 마친 후 그 파일을 출력소로 넘겨 출력한 후 필름 상태에서 이상이 없으면 그 필름은 인쇄소로 보내 인쇄하고 제본하면 요리책이 완성된다.

3. 방송 광고에서의 푸드 스타일링

광고의 목적은 고객에게 상품에 대한 정보를 충분히 제공함으로써 상품의 판매를 촉진하는 데 있다(미국 마케팅협회 ; American Marketing Association). 따라서 광고를 위한 푸드 스타일링 시 푸드 스타일리스트는 상품구매력을 유발할 수 있게 음식을 먹음직스럽고, 비주얼하게 연출할 수 있는 기술이 있어야 한다. 광고에서의 푸드 스타일링은 크게 방송 광고와 지면 광고로 나눌 수 있다. 방송 광고에서 상업적 목적을 위한 광고를 CF(Commercial Film) 또는 CM(Commercial Message)이라고 하며 식품 또는 음식과 관련된 CF 제작에 푸드 스타일리스트가 투입된다. 따라서 푸드 스타일리스트는 CF 제작과정에 대한 지식을 가지고 CF 제작진들과 호흡을 맞추어야 효과적으로 자신의 업무를 수행할 수 있다.

CF 제작과정

CF는 일반적으로 15 · 20 · 30초 A안과 B안으로 만들어지며 30초 이내에 광고의 효과를 극대화하여 상품의 구매력을 증진시키는 데 목적이 있다. 그러므로 CF 스타일링 연출은 짧은 시간이지만 아주 많은 시간을 투자해야만 좋은 시즐(sizzle)과 장면을 연출할 수 있다.

제작의뢰

오리엔테이션

일반적으로 광고대행사의 광고기획자가 광고주로부터 광고를 수주하면 대행사 PD와 협의하여 프로덕션을 선정하고, 대행사의 PD가 프로덕션의 감독 및 기획팀 참석하에 오리엔테이션을 진행한다.

기획 회의

기획팀이 오리엔테이션 내용을 바탕으로 광고 컨셉에 맞는 아이디어를 구상하고, 제품과 경쟁사 CF 및 외국 CF 분석을 통하여 몇 가지 시안을 뽑는다. 시안을 구체적으로 정리하여 대행사 PD와 협의 후 콘티라이터에게 작화를 의뢰한다.

콘티 제작

콘티란 'continuity'의 줄임말로 영화나 방송에서의 촬영(방송) 대본을 의미한다. 콘티 제작은 보통 전지 사이즈의 보드나 우드락을 사용하여 제작한다. 시안은 3~4개 정도 작화한다.

프레젠테이션

프레젠테이션(Presentation ; PT)은 대행사의 광고기획자(AE)가 광고주

Food

시즐(sizzle)이란

사전적 용어로 지글지글 소리를 내는 의성어로 CF에서 시즐이란 음식에서 나는 고유의 맛있는 소리와 질감, 그리고 비주얼로 나타내어 주는 것을 시즐 또는 시즐감이라고 한다.

에 들어가 광고주를 설득시키고 승낙을 받는다. 보통 2~3번 안을 다시 제출해야 합의를 볼 수 있다.

모델 캐스팅 및 스태프 구성

제품의 이미지에 맞는 모델을 선정한다. 모델을 결정하면서 콘티를 CF로 제작함에 있어 노하우를 갖춘 최적의 스태프로 감독의 주도 아래 구성한다. 주요 스태프는 촬영, 조명, 스타일리스트, 메이크업, 동시녹음, 편집, 안무 등 콘티 내용에 따라 다양하다.

스태프 제작회의

촬영, 조명 등 주요 스태프들과 감독이 짠 촬영 콘티에 맞게 촬영 및 조명 기자재, 촬영 테크닉 등 CF 제작 전반에 걸쳐 사전에 검토하고 준비하는 단계이다.

촬영 장소

촬영 장소 헌팅 및 세트 디자인

로케이션할 때 국내 촬영은 조감독이나 PD가 후보자를 물색하여 직접 현장에 내려가 장소를 섭외하고, 필요할 경우 촬영 허가까지 마친다.

세트 촬영을 할 때는 스케줄을 체크하고 촬영일자에 비어 있는 세트장을 설정한다.

의상 및 헤어 디자인

모델이 결정되면 촬영 장소 및 세트 분위기에 맞는 의상 디자인에 들어가며 전문 스타일리스트와 헤어, 메이크업에 의해 디자인이 나오고 구입할 것인지 새로 만들 것인지도 결정하게 된다.

PPM 준비

PPM(Pre Production Meeting)은 감독이 대행사와 광고주에게 이렇게 제작하겠다고 설명하는 자리이다. 이를 위해서 사전에 촬영 콘티, 스태프 구성, 촬영 및 조명 기자재, 촬영 장소 및 세트 디자인 등 제작에 필요한 모든 요소들을 보고서로 만들어 놓는다.

PPM 자료의 실례 : 도미노 피자

자료 1 : 모델 선정

SketchBook Film
35-15 Chungdam-dong Kangnam-gu Seoul Korea
T 3446-1121 F 3446-1132

PPM NOTE
도미노 피자 TV-CM

SketchBook

예락 문 (문정혁)
1979년 02월 16일
180cm 65kg
그룹 신화 멤버
출연작 : 나는 달린다.
불새 등

김민선
1979년 08월 16일
168cm 46kg
출연작 : 유리구두
하류인생
한강수 타령 등

자료 2 : 프로덕션 브리핑과 스태프 구성 및 촬영 스케줄

Staff Introduction

Production	SketchBook Film	02-3446-1121
production producer	김범주	018-331-4072
director	김동원	011-722-9048
a. director	신정훈	011-288-0423
a. director	이장환	016-215-9799
Staff		
Set	큐빅	031-566-7779
D.O.P	신승환	011-311-6390
D.O.L	김영웅	011-726-7595
Art Director	민예리	011-9728-0772
stylist	안미경	011-322-0820
hair / make-up(예릭)	임철우	011-317-4960
hair / make-up(김민선)	김청경	02-3446-2700
food stylist	김경미	010-7362-1219
model manager(김민선)	안석준	010-6210-3322
model manager(예릭)	조영진이사	011-9003-0349
Post Production		
development	제일현상	02-523-6331
N.T.C	CL	02-3443-2300
editing	프리맨	02-518-1456
2D / 3D	프리맨	02-518-1456
mixing	AK Pro	02-3446-7444

Production Schedule

			도미노 피자 TV-CM 제작일정	세부사항
2004년9월			기획회의	
2004년10월	23	토		
	24	일		
	25	월		
	26	화		
	27	수	콘티확정 / PPM준비	
	28	목		
	29	금		
	30	토		
11월	31	일		
	1	월		
	2	화		
	3	수		
	4	목		
	5	금	PPM / 촬영준비	
	6	토		
	7	일		
	8	월		
	9	화		
	10	수	인물촬영	
	11	목	씨즐촬영	
	12	금	N.T.C / 편집	
	13	토	2D	
	14	일		
	15	월		
	16	화	본녹음	
	17	수	시사 / 1차 심의 접수	
	18	목	수정	
	19	금	최종시사	
	20	토	최종심의접수	
	21	일		
	22	월		
	23	화		
	24	수	최종심의 필증 수령	
	25	목		

자료 3 : 콘티

Shooting Continuity
도미노 피자 TV-CM

SketchBook

도미노 피자 TV-CM <초대>편 30초 NO.1

VIDEO	AUDIO
①	BGM) ~~
②	자막) 그녀를 위한 초대 아름다운 만찬 ……
③	
④	
⑤	

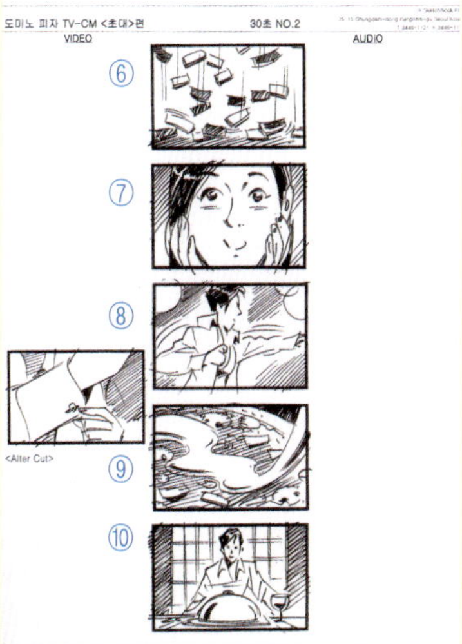

자료 4 : CM송과 카피, 그리고 세트 공간

Copy
도미노피자 TV-CM

Sketch Book

도미노 피자 TV-CM <초대>편

BGM) ~

자막) 그녀를 위한 초대
아름다운 만찬 ······

SE) 딩동~

Na) 부드럽게 당긴다

도미노 스테이크 피자

Rap) Pizza Delivery Expert
도미노 피자

자막) 1588 - 3082

Sketch Book

PPM NOTE
도미노피자 TV-CM

Sketch Book

Sketch Book

PPM

프로덕션의 감독이 대행사와 광고주에게 준비한 PPM(Pre Production Meeting) 보고서를 브리핑하는 자리이다. 이러한 보고서를 바탕으로 CF제작 견적서를 작성하여 대행사에서 제출하게 된다. 광고주가 이의를 제기하면 보통 스태프 회의부터 다시 하게 된다.

다음 단계에서 대소도구와 촬영기자재 준비가 이루어진다. 대소도구 준비 시 국내에는 전문 코디네이터가 없어서 조감독들이 촬영에 필요한 소품들을 구입하거나 재단한다. 그 다음 촬영기자재를 준비하여 촬영에 들어간다.

촬영이 끝나면 바로 네가 현상소로 필름을 보낸다. 보내진 필름을 디지털 시스템을 이용하여 우선 30초 편집을 끝낸 후 20초 또는 15초 적용을 편집한 후 비디오 더빙에 들어감으로써 CF제작이 완료된다.

대행사 시사

완성된 CF 제작물은 대행사 시사에 들어간다. 대행사 시사는 대행사마다 다르지만 팀장급들로 구성된 평가위원회가 있어 그 곳을 통과한 후 광고주 시사를 한다.

광고주 시사

광고주 시사는 대행사에서 주관하며 광고주 대표 앞에서 시사회를 한 다음 방송심의 과정을 거치게 된다.

PPM 자료의 푸드 스타일링 실례

최근에 새로 제작된 도미노 피자의 PPM 자료는 60~61쪽과 같다. 푸드 스타일리스트는 PPM에 참여하여 인물촬영과 시즐(sizzle) 촬영에 직접 투입되어 연출을 돕게 된다. 자료 1은 제품 이미지에 맞는 모델이 선정되었는지 재확인해 준다. 자료 2는 프로덕션 브리핑과 스태프 구성 및 촬영 스케줄을 보여준다. 자료 3은 콘티를 보여주는 것으로서 특히 자료 3에 표시된 ④, ⑥, ⑨, ⑪, ⑫번은 시즐 연출 컷이며 나머지는 인물 촬영 컷으로서 각각 분리해서 촬영이 이루어진다. 자료 4는 CM송과 카피, 그리고 세트 공간을 보여준다. 대부분 인물 촬영이 먼저 진행되고 그 다음날 시즐 촬영이 진행된다. 보통 1 컷을 위해 소요되는 시간은 상상을 초월할 정도로 오래 걸리며, 좋은 시즐을 만들기 위해 수십 번의 반복 촬영이 이루어진다. 피자 연출 시 보통 100~200판 정도의 피자가 소모된다. 따라서 푸드 스타일리스트는 CF 제작 시 이러한 점을 고려하여 사전에 식재료 구입에 착오가 없어야 한다. 실제 방영된 CF는 'www.tvcf.co.kr' 와 도미노 피자 메인 홈페이지(www.dominos.co.kr)에서 확인할 수 있다.

4. 지면 광고에서의 푸드 스타일링

최근 외식업계들은 판매촉진 활동의 수단으로 다양한 매체와 도구들이 활용되고 있는데, 이 중 고객의 구매시점, 즉 외식을 목적으로 하는 고객의 외식업소 선택과 외식업소 내부에서의 메뉴의 선택에 영향을 미치는 POP 광고(Point of purchase advertising)가 외식업소에서 활발히 이루어지고 있다. POP 광고란 구매시점 광고로 소비자와 제품이 같은 장소에 있을 때 소비자의 행동양식에 초점을 맞추는 직접적인 광고를 의미한다. 외식업체에서 주로 사용하는 POP 광고물에는 메뉴북, 포스터, 팸플릿, 카탈로그 등과 같은 인쇄물과 음식모형, 조형광고물 등이 있다. 지면 광고는 POP 광고물 중 패키지 광고를 포함한 인쇄물 광고를 포함한다. 푸드 스타일리스트는 지면 광고를 할 때 고객의 필요(needs)에 맞추어 제품의 특성과 이미지를 최대한 살려서 그 제품을 연출하여야 한다. 제품을 연출할 때에는 인위적으로 과도하게 스타일링(over food styling)하는 것은 제품의 질을 오히려 낮출 수 있으므로 주의해야 한다.

패키지 스타일링

패키지 스타일링(package styling)이란 식품 포장지에 들어가는 요리사진을 연출하는 것이다. 예를 들어 가쓰오 우동 패키지 사진은 가쓰오 우동을 포장 팩에 넣어 스타일링하는 것을 말한다. 음식 패키지 촬영 시 가장 중요한 점은 음식이 맛있어 보여야 함은 물론 패키지 안의 적합한 내용물과 요리 그리고 카메라 앵글로 잡았을 때 시각적인 효과를 고려해서 제품의 포커스(focus)를 어디에 둘 것인지가 중요하다. 따라서 가쓰오 우동의 경우

그림 3-8 패키지 스타일링

포커스가 국물인지, 우동인지에 따라 푸드 스타일링이 달라질 수 있다. 가쓰오 우동의 경우 우동과 가쓰오 국물 사진이 함께 잘 연출되어야 성공적인 연출이라고 할 수 있다(그림 3-8).

메뉴판 스타일링

메뉴는 우리말로 '차림표' 혹은 '식단' 이라고 하며 'menu' 의 어원은 라틴어의 'minutus' 에서 온 말이다. 메뉴의 개념에 따라 메뉴 기획자와 디자이너, 전문 스타일리스트는 메뉴를 기재하는 특정 형태의 제작물을 만들 수 있는데, 메뉴 북은 외식업소의 전반적인 운영사항을 알리는 정보제공 역할과 외식업소의 목표, 철학 등을 나타낼 수 있는 상징물이기도 하다. 따라서 메뉴 북의 형태는 크기, 모양, 패널(panel)에 따라 다양하며 각 업소별 특성에 맞는 디자인 선택을 통해 독창성을 높이고 업소의 이미지를 표현할 수 있도록 스타일링되어야 한다. 즉, 베니건스 메뉴판의 경우 패밀리 레스토랑이므로 푸짐함과 먹음직스러움에 초점을 맞추어 연출하는 것이 중요하다. 한편, 밀레타임 메뉴판의 경우 젊은 신세대인 20대와 30대 여성들이 타깃

이므로 감각적이고 푸짐함보다는 예쁘고 먹음직스럽고 시각적으로 화려한 것, 즉 비주얼(visual)한 것을 강조하여 연출하여야 한다(그림 3-9).

포스터 스타일링

포스터는 종이에 인쇄되며 시각적인 전달을 목적으로 하나의 메시지를 전달하고자 한다. 매장의 윈도나 벽면을 활용하여 제품을 알리는 데 활용된다. 포스터가 일단 게시되면 대중이 그 앞을 지나치면서 한 번만 보아도 바로 이해되고 소구되는 까닭에 대중의 주의를 집중시킬 수 있는 강한 시각적 인상이 요구된다. 따라서 논리적인 설명보다는 감각적이고 인상적인 방법으로 스타일링되어야 한다(그림 3-10).

카탈로그 스타일링

상품이나 기업을 소개하기 위해 만든 인쇄물로서 목록, 안내서, 또는 요람이라고도 한다. 카탈로그(catalog)는 처음에 단순히 책명을 늘어놓은 목록으로 유럽에서 나왔다. 미국은 카탈로그에 의한 직접 판매가 발달된 나라로 직접적인 메일(Direct Mail ; DM)이나 신문에 끼워 넣는 광고와 함께 널리 사용되어 왔다. 오늘날 박람회, 전시회, 요리교실 등에서 이벤트가 많

그림 3-9 **메뉴판 스타일링**

그림 3-10 포스터 스타일링

그림 3-11 카탈로그 스타일링

그림 3-12 여러 가지 지면 광고 스타일링

아짐에 따라 각 기업의 판매전략을 위한 도구로서 카탈로그의 매체가치가 새롭게 인식되고 있다. 이에 따라 용도별로 식품업체, 레스토랑, 슈퍼마켓, 백화점 등에서 카탈로그를 이용하여 기업의 상품과 이미지를 알리고 있다(그림 3-11).

기 타

그 외 지면광고지로 가이드 북(guide book), 캘린더(calendar), 신문, 잡지 등이 있다(그림 3-12).

5. 테이블 푸드 스타일링

푸드 스타일링에서 테이블 스타일링의 주요 기능은 스타일링한 요리를 돋보이게 하기 위해 식탁 연출에 필요한 기본 요소들의 디자인을 고려하여 주제에 맞춰 여백의 공간을 연출하는 것이다. 식탁 연출에 필요한 기본 요소를 테이블 웨어(table ware)라고 하며, 테이블 웨어에는 리넨류(linen), 그릇류(dinner ware), 커틀러리류(cutlery), 유리 기구류(glass ware), 센터피스(centerpiece)와 그 밖의 장식물 등이 있다. 여기서는 푸드 스타일링할 때 사용되는 테이블 웨어에 대한 기초지식에 대해 간단히 살펴보고자 한다.

리넨류

일반적으로 리넨하면 마를 떠올리기 쉬운데 서양에서는 식탁에 사용하는 모든 직물을 리넨이라고 한다. 리넨에는 테이블 클로스(table cloths), 런천 매트(luncheon mat), 냅킨(napkin), 러너(runner), 도일리(doily) 등이 있다. 테이블 클로스의 색상, 무늬, 디자인 등에 따라 스타일링한 음식의 분위기를 다양하게 연출할 수 있으며, 테이블 클로스는 연출한 음식의 전체적인 분위기를 결정하는 가장 큰 요소가 된다. 테이블 클로스의 분위기 연출에 따른 기본 색상과 소재는 표 3-4와 같다. 기본적으로 정찬에서는 흰색이 원칙이나 최근에는 파스텔 톤이 정찬에 많이 활용된다. 일반적으로 엷은 색으로 올이 가는 리넨류는 포멀한 이미지 연출에 사용되며, 체크 무늬

표 3-4 이미지에 따른 테이블 클로스의 색상, 디자인, 소재감

이미지	색상 및 디자인	소재감
고전적 · 정찬 (classic, formal)	흰색, 단색, 진한 자주, 금색, 중후한 색조	공들여 만든 직물, 벨벳, 마, 레이스 등 고급 소재
우아함(elegance)	실크 단색, 엷은 색, 핑크색, 꽃무늬의 흐린 파스텔 소재	실크, 고품질의 광택, 섬세한 자수나 레이스 등 섬세한 느낌 있는 성질의 소재
캐주얼(casual)	체크나 다색 사용의 프린트류, 밝고 생기가 있는 높낮이가 있는 배색	두꺼운 마, 면, 프린트, 플라스틱, 고무, 나무, 비닐
하드 캐주얼 (hard casual)	캐주얼보다 강조한 자유로운 발상의 색채, 강하고 깊은 톤의 다색상 조합	손으로 만든 듯한 짜임의 질감, 자연 소재, 스파이시한 맛을 느낄 수 있는 소재, 동식물 표현한 프린트
로맨틱(romantic)	파스텔 톤, 작은 꽃무늬나 물방울 무늬가 주류인 톤, 연보라색	부드러운 시폰, 면 레이스, 프릴의 리넨류, 투명감 있는 직물 소재
자연적(natural)	무지의 무늬, 풀, 나무 등 의 자연을 상징하는 색상, 초록(green), 베이지, 아이보리 계열색상	나무, 대나무, 등나무, 잎, 줄기 등 자연소재, 마, 거친 면 등의 천연소재
단순함(simple)	단순한 무지, 직선 체크를 이용한 푸른색과 흰색의 산뜻한 배색	나무, 실버, 알루미늄, 아크릴 등의 차갑고 단순하며, 산뜻한 느낌의 소재
현대적(modern)	무채색, 짙은 청록색	광택, 플라스틱, 폴리에스터
에스닉(ethnic)	짙은 나무색, 내추럴 컬러, 원색	천연목, 칠기, 대나무 제품

나 짙은 색으로 올이 큰 리넨류는 캐주얼하거나 현대적인 이미지 연출에 사용된다. 프린트 무늬를 이용할 때는 무늬가 잔잔하고 색이 연한 것을 골라야 식탁 위에 놓이는 식기, 수저, 잔, 중앙부 장식과 자연스럽게 어울려 식탁 위에 연출한 음식들을 돋보이게 해줄 수 있다.

테이블 스타일링할 때 기본적 이미지에 대한 지식을 토대로 푸드 스타일리스트의 예술적 감각과 창의력을 발휘하여 기본에서 더 나아가 다양한 변화를 시도하는 스타일링이 필요하다.

그릇류

그릇류는 용도에 따라 개인용 식기와 서비스용 식기로 분류되며 리넨류와 어울리는 색과 분위기에 맞는 식기류를 선택하는 것이 필요하다. 우리나라의 식기는 주로 계절에 따라 여름철에는 사기로 된 그릇을, 겨울에는 유기로 된 그릇을 사용한다. 서양에서는 음식을 담기 위한 큰 접시, 빵 접시

고전적 · 정찬(class formal)

우아함(elegance)

캐주얼(casual)

하드 캐주얼(hard casual)

로맨틱(romantic)

자연적(natural)

단순함(simple)

현대적(modern)

에스닉(ethnice)

그림 3-13 **이미지에 따른 테이블 클로스**

와 후식용 작은 접시가 있다. 또한 그릇의 재질에 따라 식탁의 분위기가 달라지기도 하지만 담는 음식에 따라 식탁의 분위기도 큰 영향을 받는다.

커틀러리류

서양의 상차림에서 우리의 수저에 해당하는 스푼, 나이프, 포크를 통틀어 커틀러리(cutlery) 또는 플랫 웨어(flat ware)라고 한다. 음식의 종류에 따라 커틀러리가 결정되며 주로 순은제품 도금제품들이 정식 상차림에 사용된다. 커틀러리에는 많은 종류가 있고 목적에 맞게 구분하여 사용된다. 푸드 스타일링을 할 때 커틀러리류를 용도와 이미지에 맞춰 음식 주변의 여백 공간에 적절하게 배치함으로써 스타일링한 음식의 완성도를 높일 수 있다.

글라스류

글라스류(glasses)에는 기본적인 형태와 용도가 있으므로 이에 대한 기초지식을 익힌 후 푸드 스타일링에 적절하게 활용하여야 한다. 글라스는 모양에 따라 다리가 있는 고블렛(goblet)과 텀블러(timbler)로 구분한다. 다리가 있는 고블렛의 경우 와인 글라스는 레드와인 글라스와 화이트와인 글라스라고 부르며, 일반적으로 물컵, 주스컵은 고블렛이라고 부른다. 레드와인은 실온에서 마시는 것이 좋으므로 잔이 화이트와인 글라스보다 크고 향이 오래 보존되도록 입구가 좁게 된 글라스를 사용한다. 그 밖에 샴페인 글라스, 칵테일 글라스, 아이스티 글라스, 브랜디 글라스 등이 있다. 이러한 컵들의 용도에 맞춰 음식을 스타일링 하는데 응용할 수 있다.

센터피스류

센터피스(centerpiece)는 중앙(center)과 조각(piece)이란 두 낱말이 합하여 이루어진 단어로 식탁의 중앙에 놓는 장식물을 말한다. 센터피스는 테이블 전체의 분위기를 완성하는 데 중요한 역할을 한다. 센터피스로 일반적으로 생화가 이용되나, 그 외 초, 과일, 과자, 유리장식, 도기, 인형 등이 테이블의 컨셉과 최근의 트렌드, 계절감 등을 고려하여 활용될 수 있다.

장식품류

테이블 세팅을 할 때 흔히 사용되는 장식물 또는 소품류에는 초대, 초, 냅킨 링, 레스트, 네임카드 등이 있다. 푸드 스타일링은 스타일링한 식탁 위에 놓여져 있는 음식과 그릇류, 테이블 클로스 또는 커틀러리 등 전체 분위기를 고려하여 소품들을 활용하여야 한다. 주의할 점은 연출한 음식 주변에 너무 많은 장식물이 있거나 튀는 것을 사용하면 음식 사진이 주인공이 아니라 조연이 되는 경우가 있으므로 주의하도록 한다. 일반적으로 격식이 있는 정찬일 때 식기가 은제품인 경우 은으로 된 촛대가 어울리며, 케주얼한

1	2	3	4
5	6	7	8
9	10		

1~2 그릇들을 이용한 푸드 스타일링
3~4 커틀러리를 이용한 푸드 스타일링
5~6 글라스를 이용한 푸드 스타일링
7~8 센터피스를 이용한 푸드 스타일링
9~10 장식품을 이용한 푸드 스타일링

그림 3-14 **푸드 스타일링을 위한 테이블 세팅**

분위기에서는 초와 촛대를 캐주얼하게 선택하고 자연스러운 목재 소재도 어울린다. 냅킨 링은 다양한 색과 모양이 있어 적절히 사용할 수 있지만 격식이 있는 자리에서는 사용하지 않는 것이 원칙이다. 레스트는 커틀러리를 받치는 물건으로 케주얼한 분위기에서 장식적인 효과로 많이 활용한다.

6. 그 밖의 푸드 스타일링 작업현장

푸드 스타일리스트는 그 밖에 파티 플래너와 푸드 라이터로서 활동할 수 있다.

파티 플래너

소득증대와 주 5일제 근무 확산에 의한 여가시간의 증가는 관심과 취미가 서로 다른 사람들로 하여금 공통의 기분 전환법과 자기계발에 대한 공감대 형성의 연구 테마를 가지게 하였다. 이러한 테마의 해결책으로 새로운 사람들과의 만남을 주선하고 친목과 감동을 함께 선사하는 파티 문화가 성숙하게 되었고 결과적으로 파티 플래너의 역할이 중요하게 대두되었다. 따라서, 파티와 관련된 전반적인 지식들에 대해 공부함으로써 푸드 스타일리스트의 역량을 높이고자 한다.

파티의 정의

파티의 사전적 의미는 '어떤 일을 함께 하고 있는 사람들 또는 그들이 갖는 사교 모임' 을 뜻한다. 사람과 사람이 모여 정보교환과 자기 계발을 하고 원만한 인간관계를 유지할 수 있게 해주는 파티야말로 중요한 문화 커뮤니케이션 수단인 셈이다. 파티가 TV나 영화에서 보는 것처럼 그렇게 호화스럽고 사치스러운 것은 아니다. 간단한 음식과 와인 한 병만으로도 충분하며 지인 몇 명을 초대하여 식사와 즐거운 정담을 나누는 것도 파티라고 할 수 있다. 즉, 파티란 초대한 사람과 초대받은 사람의 마음에서 우러나는 진정한 커뮤니케이션 도구이어야 하며, 남녀노소나 각계 각층의 사람들 누구나가 파티를 행복하게 즐긴다면 파티야말로 바로 이 시대의 진정한 여가문화 또는 사교문화로 자리매김할 것이다.

파티의 역사

파티라는 용어가 사용되기 전인 고대 시대에는 '눈을 크게 뜬다' 또는 '깜짝 놀란다' 라는 의미인 향연(饗宴)이라는 단어를 사용하였다. 로마시대에 사자와 사람의 싸움을 보면서 술과 음식을 즐긴 것이나 테이블에 놓인 장미꽃 대신 황금 장식을 하여 사람들을 놀라게 하는 등의 놀라운 이벤트가 파티의 시작이라고 볼 수 있다. 특히 고대 이집트 시대에는 태양에 가까운 자리가 상좌였으며, 그 이후에는 벽을 뒤로 한 자리가 상좌였다. 로마 시대에 등장한 원탁 테이블은 상하의 구별을 없앤 평등한 인간관계를 나타낸 상징물이기도 하다.

파티에서의 스타일링 기법

우선 어떤 테마로, 어떤 형식으로 즐겁게 파티를 진행할 것인가를 결정한 후 초대할 사람과 인원수, 특히 성별과 연령대를 고려하여 계획을 짠다. 파티 플래너는 드라마틱한 조명을 이용하여 극적인 분위기를 조성하고 파티 테마에 맞는 색깔과 재질감 선정에 의한 센터피스, 식기구, 테이블보, 냅킨 등의 사용으로 파티 이미지를 강조해야 한다. 또한 효과음이나 배경음악을

Field for food styling

1. Title : 아버님 생신 날
2. When : 초여름 6월 이른 저녁
3. Where : 집
4. Who : 사랑하는 우리가족들
5. What : 한식과 일식의 퓨전 요리
6. Why : 아버지의 묵묵하고도 헌신적인 사랑에 대한 존경심과 감사의 마음을 표현하기 위하여
7. How : 깨끗한 모던 느낌의 유리탁자와 가죽의자 그리고 검은 톤으로 남성다운 이미지를 연출하되 노란색의 글라스 웨어로 단조롭고 무거운 이미지 탈피
8. How much : 이십만 원에서 삼십만 원

그림 3-15 파티의 실제

적절히 선정하여야 하며, 효과적인 공간분할로 전체적인 공간균형을 유지해야 한다.

파티의 기본 요소인 5W1H는 다음과 같다.

- Who(파티 주최자와 초대 받은 손님)
- What(파티의 주제)
- When(파티 개최 시간)
- Where(파티 장소)
- Why(파티를 여는 목적)
- How(파티의 스타일)

5W1H에 'How much' 를 추가시켜 5W2H로 요소를 맞추기도 한다.

이러한 기본요소와 더불어 음료, 꽃, 향기, 시각적인 포인트, 흥미를 유발시키는 매체, 기념품 등의 부가적인 요소도 갖추어져야 한다.

그림 3-15는 '부모님 생신 파티' 의 경우, 각 요소에 대한 파티 스타일링법이다.

파티의 종류

파티는 시간과 목적에 따라 분류할 수 있으며 시간대별 파티에서 아침, 브런치, 점심, 저녁 등은 주로 식사가 제공되는 파티이다. 티타임에서는 홍차, 녹차, 커피 등의 다류와 함께 간단한 과자와 빵이 제공되며 저녁 후 파티에서는 티와 더불어 디저트류를 내놓기도 한다.

시간에 따른 분류는 다음과 같다.

- 아침(breakfast) : 08시 30분~10시 30분
- 브런치(brunch) : 10시 30분~11시
- 점심(lunch) : 11시 30분~14시
- 티타임(afternoon tea) : 14시~16시
- 칵테일(cocktail) : 17시~19시
- 저녁(dinner) : 19시~22시
- 저녁 후(after dinner) : 22시 이후

목적에 따른 분류는 다음과 같다.

- 티파티(tea party) : 오후 3시에서 5시 사이에 조각 케이크나 홍차를 곁들인 간단한 모임
- 리셉션(reception) : 공공단체, 고위층 인사, 국빈이나 귀빈을 환영하는 초대 모임
- 조찬 파티(breakfast party) : 바쁜 일과를 가지는 공인들의 조찬 모임

Field for food styling

1 티파티
2 칵테일 파티
3 생일 파티
4 가든 파티

그림 3-16 **목적에 따른 파티의 종류**

- 디저트 파티(dessert party) : 저녁 식후에 음악이나 시 감상과 함께 디저트를 즐기기 위한 모임
- 아기 탄생 파티(baby shower party) : 차와 다과를 들면서 아기의 탄생을 축하하는 모임
- 결혼 축하 파티(bridal shower party) : 결혼을 앞둔 예비 신랑 · 신부를 위하여 신부의 부모가 간단한 점심 메뉴와 차를 준비하는 모임
- 결혼 파티(wedding ceremony) : 결혼식에서 피로연까지
- 생일 파티(birthday party) : 성인들보다는 어린아이들에게 사회성을 키우기 위한 이벤트
- 칵테일 파티(cocktail party) : 비즈니스와 사교를 위한 파티
- 가든 파티(garden party) : 수확을 축하하는 데서 비롯된 야외 파티
- 뷔페 파티(buffet party) : 사람 수가 많거나 가벼운 파티를 열 때 사용하며 식사는 주로 셀프 서비스
- 정찬 파티(formal party) : 가장 격식 있는 연회로 성장과 메뉴 카드가 제공되며 상하석이 구분된 모임

그 외에도 각종 기념일 예를 들면 결혼기념일, 성발렌타인 데이, 성패트릭 데이, 부활절, 어버이 날, 할로윈, 추수감사절, 크리스마스 때에도 파티가 열리게 된다.

파티 플래너의 역할과 자질

파티 플래너는 친구들이나 가족끼리의 모임에서부터 이벤트와 국제회의 등의 연회에 이르기까지 크고 작은 파티의 기획부터 진행을 책임지는 총연출가이다. 위에서 언급한 기본요소와 부가적인 요소들에 입각하여 파티 테마 선정에서부터 세부적인 프로그램을 처음부터 끝까지 연출하는 총책임자라고 할 수 있다. 이러한 파티 플래너가 갖추어야 할 자질로는 요리에 대한 해박한 지식, 테이블 스타일링에 필요한 미적 감각, 자신에 대한 홍보능력, 마케팅 기법, 식공간 격영능력, 이벤트에 대한 지식 등이 있다. 이러한 실무 기술에 앞서 인간이 가지고 있는 친절함이나 배려를 다른 사람에게 전달하는 'hospitality'가 더 우선되어야 한다. 파티의 중심이 바로 사람이라는 인식과 자신감, 열정 그리고 자기만의 개성은 파티 플래너로서의 미래를

밝게 할 것이다.

푸드 라이터

인터넷과 대중 매체의 발달로 읽혀지는 글의 전파속도는 가늠할 수 없을 정도로 빨라졌으며, 일반 사람들에게도 특정 전문 지식의 보급이 과거와 비교가 되지 않는다. 이러한 시대의 흐름에 맞춰 식품이나 요리에 대해서도 비전문인의 글보다는 전문인의 글이 필요하게 되었다.

푸드 라이터(food wirter)란 식품이나 요리된 음식 분야에서 다양하게 행해져 온 글쓰기를 전문화한 직업 영역으로 요리에 관한 기사를 집필하고 요리 레시피를 소개하거나 외국의 조리 트렌드와 다양한 식문화를 글로 정리하는 일을 한다.

따라서 푸드 라이터는 음식에 대한 관심과 애정을 바탕으로 음식에 대한 무한한 지식을 가지고 있어야 하며 기본적인 글쓰기에 대한 이해를 통하여 좋은 글을 집필할 수 있어야 한다.

좋은 글을 쓰려면 다른 사람의 글을 많이 읽고 스스로 많이 써 봐야 하며 다양한 경험도 중요하다. 또한 글에 자신의 생각과 가치관을 부여하고 독자와 공감대를 형성하며 책임있는 기록이 되어야 한다.

푸드 라이터의 직업 영역

푸드 라이터는 프리랜서에서부터 전문직까지 그리고 전문 영역부터 비전문 영역까지 그 차지하는 범위가 상당히 크다.

- 방송 · 잡지 · 신문의 식품 및 음식 전문 기자
- 방송국의 요리 프로그램의 작가
- 요리책이나 식품 관련 서적의 번역가나 출판 기획자
- 요리 선생님이나 호텔과 외식업체의 전문 조리사
- 요리책이나 맛집 책을 출판하고자 하는 사람
- 맛 비평가나 음식 평론가
- 외식업체 경영주나 프랜차이즈 사업자
- 가공식품이나 반조리 식품 및 패스트푸드의 개발자
- 푸드 스타일리스트와 파티 플래너 등

• 음식 관련 팸플릿이나 메뉴판 등을 제작하는 사람

푸드 라이터의 필요성

국민 소득의 증가, 사회구조의 다변화, 식생활 패턴의 변화, 여가시간의 확대, 대기업의 외식사업 진출 등으로 우리나라 외식시장의 발전은 가속화

Field for food styling

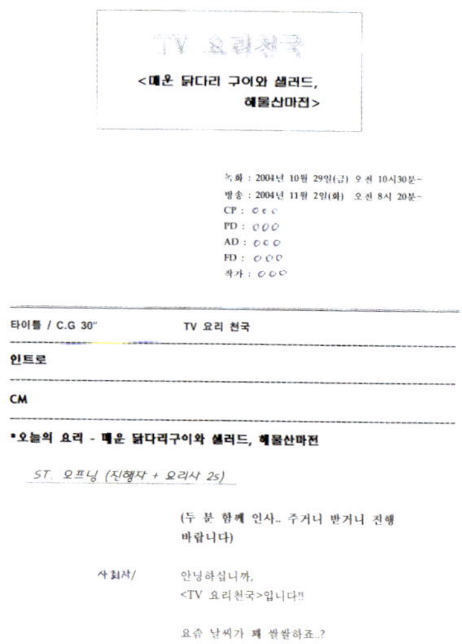

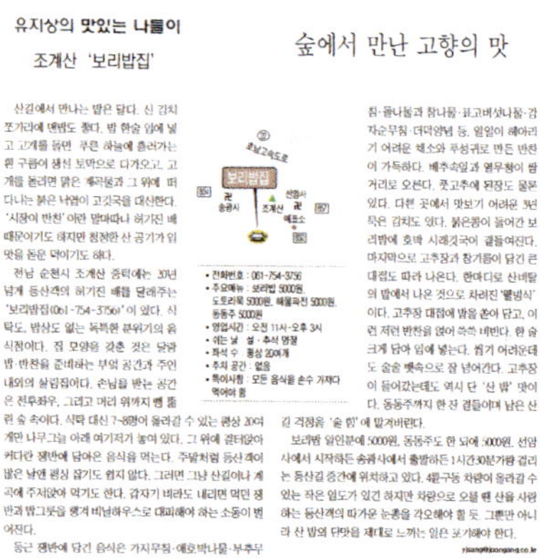

1 2
3 4

1 음식평론가의 글
2 요리 프로그램 대본(경인 방송 TV 요리천국)
3 요리책의 글
4 신문기자의 글(중앙일보 유지상 기자)

그림 3-17 푸드 라이터의 직업 영역

되고 있다. 그 직접적인 예로 1990년에 10조 원이던 외식시장의 규모가 2000년에는 30조 규모로 늘어났다. 음식점 수도 1993년 381,024개였던 것이 2001년 579,982개로 증가했으며 가계소비 중 식료품비에서 외식비가 차지하는 비중도 1995년 31.5%에서 2001년 41.4%로 증가하였다(통계청, 한국통계연보). 이제 식사는 단순히 먹는다는 개념에서 삶의 질을 높인다는 차원으로 해석되고 있다.

인터넷 시대가 열리고 푸드 채널 등장과 조리에 관한 전문화된 잡지가 급격히 늘어나면서 새로운 문화가 등장하게 되었다. 이에 따라 신문사, 방송국, 잡지사에서 조리나 음식 관련 전문인의 채용이 필요하게 되었다.

또한 다양한 간편 식품과 패스트푸드 그리고 맞벌이 부부의 증가는 가사의 일부였던 조리를 취미의 일부로 바꾸어 놓았고 자연스러운 외식시장의 증가는 전문화된 음식 관련 직업인, 특히 푸드 라이터의 필요성을 낳게 하였다.

푸드 라이터의 작업 영역 중 레시피 작성의 실제

레시피의 작성 원칙

레시피(recipe)란 요리에 대한 조리법으로 레시피를 쓰는 사람은 주방에서 실제로 요리를 하고 있다는 가정하에 이를 보는 대상을 우선 정하여 정확하게 써나가야 한다. 또한 사용하는 용어는 일관성이 있어야 하며 쉬운 말로 명확하고 간결하게 작성하되 추측성보다는 확실성 있는 용어로 써 나가야 한다.

레시피의 표준 구성요소

- 제목 : 제목만으로도 요리를 파악할 수 있도록 하고 관심을 끌 수 있는 요소로 최대한 짧게 표현한다.
- 소개글 : 반드시 써야 하지는 않지만 요리에 대한 흥미를 유발시킬 수 있도록 간단하게 작성한다.
- 재료 목록 : 필요한 재료의 양을 정확하게 사용 순서대로 적는다. 해당 재료가 없을 경우를 대비하여 대체 가능한 재료와 방법을 제시하여 몇 인분인지를 기록한다.
- 재료의 준비 : 손쉽게 구할 수 있으면서도 좋은 재료를 골라서 깨끗하게

갈비떡볶이

재료

떡볶이떡 100g, 갈비살 50g, 파프리카 20g, 양파 20g, 당근 10g, 식용유 1/2 작은술, 양념장(간장 1큰술, 꿀 1작은술, 쇠고기 육수 3큰술, 깨소금 약간, 참기름 약간), 통깨 약간

만드는 법

1. 떡볶이떡은 미지근한 물에 불려 놓는다.
2. 갈비살은 떡볶이떡과 같은 크기로 썰어 놓는다.
3. 파프리카와 양파, 당근도 떡볶이떡과 같은 크기로 썰어 놓는다.
4. 양념장을 분량대로 섞어 놓는다.
5. 달군 팬에 식용유를 두르고 2와 3을 넣고 볶다가 떡볶이떡을 넣고 분량의 양념장을 넣고 재료를 고루 익힌다.
6. 그릇에 담고 통깨를뿌린다.

그림 3-18 **레시피의 예**

손질하는 방법을 제시한다.

- **재료의 양** : 구체적인 양의 단위(예 : g, 근, 컵 등)를 제시하되 '적당량'이나 '약간'이라는 표현도 적절히 사용하도록 한다.
- **조리작업 사항 작성** : 조리되는 과정대로 완결적이고 명백하며 간결하게 작성한다. 새로운 조리기술은 자세히 설명하고 나누어 쓰이는 재료와 미리 필요한 준비과정은 지시사항에서 언급한다.
- **완성** : 여러 번 읽고 표현법이나 재료 및 도구의 틀린 부분을 확인한다.

Chapter 4*

Food Styling

푸드 스타일링을 위한 촬영 테크닉

Chapter 4*

푸드 스타일링을 위한 촬영 테크닉

새가 알에서 나오기 위해서는
한 세계를 파괴하고 나와야 하는 고통을 인내해야
하는 것처럼 푸드 스타일리스트가 행하는 작품 세계 역시
창의성이 돋보이고 경쟁력 있는 작품연출을 위해서는 자기만의
세계를 파괴할 수 있는 용기와 도전이 필요하다.
(김경미, 작업실 뒤안길에서, 2005)

1. 사진 촬영

사진 촬영은 푸드 스타일리스트의 업무 영역이 아니라 포토그래퍼(photographer)의 고유 영역이다. 푸드 스타일링 작품연출 시 사진 기술로 스타일링된 작품의 완성도를 더욱 승화시킬 수 있다. 그러므로 푸드 스타일리스트는 항상 포토그래퍼와 원활한 의사소통(communication)이 이루어져야 한다. 원활한 의사소통을 위해 푸드 스타일리스트는 사진과 조명에 대한 기본지식을 갖추어야 한다. 이 장에서는 사진 촬영의 기본이론에 대해 간단히 공부한 후 푸드 스탕일링을 위한 촬영 테크닉의 실제에 대해 살펴보고자 한다.

사진 촬영의 기본이론

사진의 어원

사진(photography)의 어원은 그리스어로 '빛(phos)'과 '그린다(graphos)'의 합성어로 '빛으로 그린다', '빛의 그림'이란 뜻이다.

카메라의 어원

카메라(camera)의 어원은 그리스어로 카메라 옵스쿠라(camera obscura)에서 유래되었다. '방(camera)'과 '어둠(obscura)'의 합성어로 '어두운 방'을 의미하는데, 이것은 16세기경 화가들이 밑그림을 그리기 위해 사용되었던 도구이다.

사진의 역사

후기 르네상스 시대 이후 카메라 옵스쿠라는 밑그림 제작의 도구로 사용되었다. 어두운 방의 한쪽 벽에 작게 뚫린 구멍을 통해 밖의 밝은 영상이 맞은편 벽에 상하좌우가 바뀐 상을 형성하게 된다. 이러한 원리의 카메라 옵스쿠라는 그림을 그리는 사람이 그 속에 들어갈 수 있을 정도로 상당히 큰 것이었다. 그 후 작은 구멍 대신 오목렌즈를 설치한 형태로 발전하였다. 기본적으로 사진술은 카메라에 맺힌 상을 빛에 민감하게 반응하는 물질 위에 고착시키는 방법이다. 이러한 빛에 관한 연구는 연금술사들에 의해 발견되었다.

카메라의 종류

카메라는 크게 자동 카메라와 수동 카메라로 분류하며 이외에도 많은 종류로 분류할 수 있다. 카메라는 필름의 크기에 따라 소형 · 중형 · 대형 카메라로 구분한다.

소형 카메라

소형 카메라는 35m필름을 사용하는 카메라로서 몸체가 작고 가벼우며 기동성이 뛰어나고 값도 비교적 싸다. 또한 롤 필름을 사용하기 때문에 대량 촬영이 가능하며, 아이 레벨(eye level) 카메라이기 때문에 인간의 자연스러운 시각으로 이어지는 사진을 촬영할 수 있다. 현재 가장 많이 애용되

1-2 소형 카메라
3-4 중형 카메라
5-6 대형 카메라

그림 4-1 카메라의 종류

고 있는 카메라 형식이며, 일반적으로 카메라라고 하면 소형 카메라를 일컫는다.

중형 카메라

중형 카메라는 6×6cm판 필름을 사용하는 카메라로서 크기나 다루기 또는 기동성에 있어 소형 카메라와 대형 카메라의 중간이다. 카메라는 어느 정도의 기동성을 가지며, 화상의 해상력이나 질감 묘사에 뛰어나지만 이것을 중점으로 다루는 대형 카메라에는 미처 따라가지 못하는 단점이 있다. 중형 카메라는 소형이나 대형 카메라의 프레임에 비해 정방형 프레임을 갖는 특성이 있다. 그러나 현재, 4×6cm, 6×8cm판 필름 등으로 변형된 중형 카메라도 나오고 있다.

대형 카메라

대형 카메라는 4×5인치 이상의 필름을 사용하는 카메라로서 몸체가 매우 크고 무거우며 다루기가 불편하여 야외 풍경 또는 실내 촬영 등에 사용된다. 렌즈와 필름 면 사이에 주름막이 있어 영상의 왜곡을 바로 잡을 수 있으며, 팬 포커스로 화면 구석구석의 질감을 살릴 수 있는 장점이 있다. 넓은 면적의 필름을 사용하는 만큼 소형이나 중형 카메라가 나타내지 못하는 섬세한 부분까지 묘사할 수 있는 큰 장점을 가지고 있다.

촬영장비의 이해

가 방

카메라를 보호하기 위한 것으로 충분한 수납공간이 필요하며, 각 공간의 분할이 편리하게 이루어진 것이 좋다. 또한, 돌발적인 상황에서도 카메라를 보호할 수 있는 완충기능과 비나 습기로부터 방습효과가 있어야 한다.

삼각대

삼각대는 사진을 찍을 때 흔들림 없이 사진을 촬영할 수 있게 하는 도구이다. 삼각대는 카메라와 맞는 중량과 크기의 제품이 필요하다. 물론 고가의 제품일수록 묵직하고 안정감이 있지만 가격이 비싸며 휴대성이 떨어지는 단점이 있다.

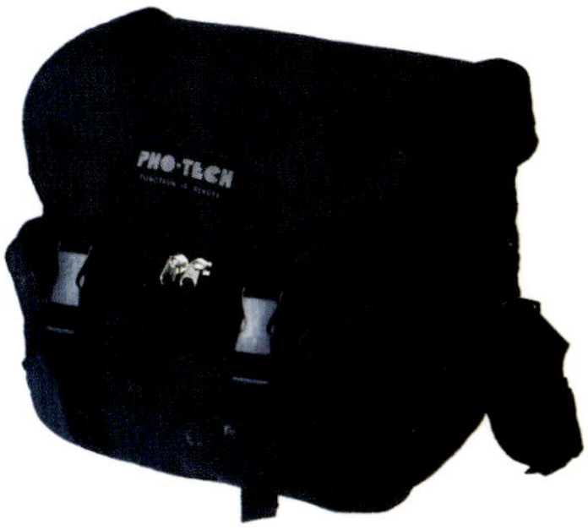

카메라 가방

그레이 카드

에어브러시

반사판

우산

소프트 박스

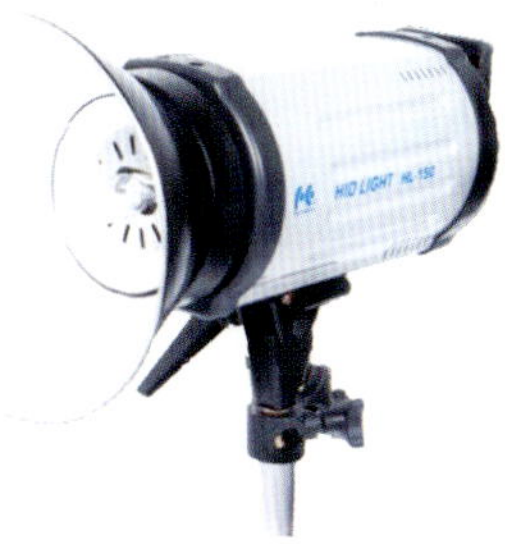

스피드 라이트

릴리즈

라이트 스탠드

삼각대

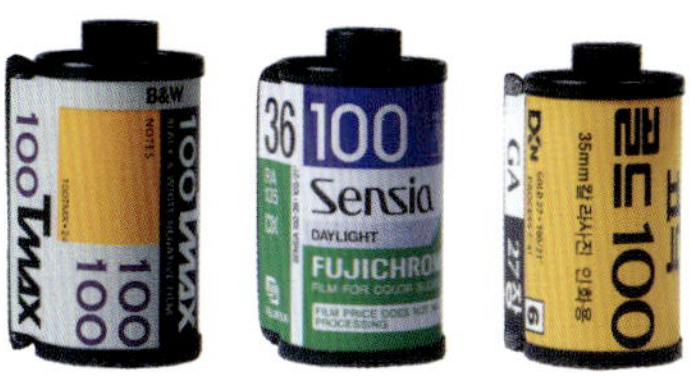

필름

라이트 박스와 확대경

노출계

그림 4-2 **촬영장비의 종류**

필 름

필름의 종류에는 흑백 필름(black & white film), 컬러 필름(color film), 슬라이드 필름(slide film)이 있다. 흑백 필름과 컬러 필름을 총칭해서 네거티브(negative) 필름이라고 하며, 슬라이드 필름은 포지티브(positive)이라고 한다.

반사판

반사판은 물체를 촬영할 때 빛이 비추는 방향의 반대쪽 어두운 부분의 빛을 굴절시켜 비추어 주는 역할을 한다.

소프트 박스와 우산

소프트 박스는 촬영 시에 뛰어난 조명효과를 주며 휴대가 간편하다. 색 번짐을 방지하기 위해 특수 코팅된 우산은 아름다운 빛을 만들어 준다.

기타 장비

- 라이트 박스와 확대경 : 슬라이드나 필름을 볼 때 필요한 도구로 확대경을 루페라고도 한다.
- 스피드 라이트 : 빛이 충분하지 못한 실내나 야간에는 스트로보를 사용하여 촬영한다.
- 라이트 스탠드 : 칼럼이 에어쿠션으로 되어 스탠드 조작 시에 중앙 칼럼이 급속히 떨어지지 않으므로 설치된 라이트를 보호할 수 있다.
- 그레이 카드 : 그레이 카드는 입사식 노출계가 없을 때나 스스로 노출측정을 할 수 없는 경우 또는 피사체가 작거나, 반사가 심하거나 알 수 없을 때 적절한 노출을 찾고자 할 때 사용된다.
- 릴리즈 : 정교한 인물촬영, 야간촬영, 천체 사진을 촬영할 때 유용하다.
- 에어브러시 : 렌즈, 카메라에 미세한 먼지를 제거하는 용도로 쓰인다.
- 노출계 : 사진 필름에 적당한 노광(露光)을 주기 위해 피사체의 광도 또는 피사체의 조도(照度)를 측정하는 데 사용된다.

그림 4-3 **촬영 스튜디오의 내부**

4
2
5
14
10
13
17
19
32
31
35
33
28
McCormick
Assorted
Food Colors & Egg Dye
GRATED ICE EFFECT
DROP EFFECT
29
FROST EFFECT
2
24
23
22
36
25
26
37
1
7

1 분무기
2 붓과 식용유
3 이쑤시개
4 그릴용 쇠막대
5 핀셋
6 실과 바늘
7 면봉
8 주사기와 글리세린
9 스포이트
10 빨대
11 깔때기
12 타이머
13 작은 칼
14 작은 가위
15 작은 채
16 스쿠푸
17 제스트
18 필러
19 토치 램프
20 에어브러시
21 거품기
22 물엿
23 커피
24 간장
25 캐러멜 소스
26 베이비 오일
27 젤라틴
28 푸드 컬러
29 인조 서리
30 인조 얼음
31 인조 얼음 알갱이
32 인조 크리스털 얼음
33 인조 거품
34 인조 연기
35 인조 물방울
36 인조 아이스크림
37 순간 접착제

그림 4-4

푸드 스타일리스트의 이동용 가방과 도구들

2 . 푸드 스타일리스트의 음식 연출도구

푸드 스타일리스트의 음식 연출도구는 크게 기본도구, 연출도구, 액체도구, 특수도구 등으로 분류할 수 있다. 이 중 액체도구는 주로 식품의 색과 광택을 내는 데 이용되며, 특수도구는 장시간의 사진 촬영 시 많이 활용된다. 특히 광고 촬영에 많이 이용된다.

기본도구

이동용 가방

촬영할 때 정리하여 다니기 쉬운 가방으로 칸이 많이 나눠진 것이 편리하며, 오일 및 소스는 투명한 용기에 담아서 보관한다. 가위, 칼, 핀셋 등 끝이 뾰족한 도구는 재킷에 넣어서 다니는 것이 편리하다.

앞치마

몸에 편안하고 정리 공간이 많이 있는 것이 좋으며, 일하면서 자주 쓰는 도구들은 주머니나 고리에 걸면 편리하다.

표 4-1 푸드 스타일링에 필요한 도구

구분	종 류	
기본 도구	가방, 앞치마, 기본 배경, 다리미, 분무기	
연출 도구	막대형 도구	빨대, 이쑤시개, 산적꽂이, 고기전용꽂이, 면봉
	측정용 도구	계량컵, 계량스푼, 타이머, 온도 측정계
	나이프	작은 칼, 작은 가위, 스쿠프, 제스터, 필러, 스패튤러
	미세연출을 위한 도구	핀셋, 옷핀, 실, 바늘, 스포이트, 주사기, 깔때기, 작은 체, 토치 램프, 에어브러시, 페이스트리 백과, 팁, 붓, 낚싯줄
액체 도구	식용유, 물엿, 커피, 간장, 캐러멜 소스, 베이비오일, 젤라틴, 푸드 컬러	
특수 도구	인조 서리, 인조 얼음, 인조 얼음 알갱이, 인조 크리스털 얼음, 인조 거품, 인조 연기, 인조 물방울, 인조 아이스크림, 순간 접착제, 특수 접착제, 반사 방지 스프레이	
기 타	펜, 연필, 메모지, 테이프, 집게	

앞치마　　　　　기본배경, 다리미, 분무기

그림 4-5　**푸드 스타일리스트의 기본도구들**

기본 배경 · 다리미 · 분무기

촬영하기 전에 기본 배경을 촬영대에 깔고 물을 뿌려 구김 없이 다림질을 해야 한다. 기본 배경은 보통 흰색 옥스퍼드지를 많이 사용한다.

연출도구

Spray

분무기

분무기는 배경을 다리거나 채소, 과일 등에 싱싱한 느낌을 연출할 때 자주 사용된다. 아래 그림은 파프리카에 물을 뿌려서 싱싱한 이미지를 연출하였다. 같은 파프리카이지만 물을 뿌린 파프리카가 훨씬 싱싱해 보인다.

Before

After

Brush & oil

붓과 식용유

촬영하기 전에 붓과 식용유를 이용하여 음식물에 발라 윤기를 내주면 훨씬 먹음직스러워 보인다. 아래 그림은 스테이크에 기름을 바름으로써 더 맛있어 보이며 금방 한 요리처럼 보인다. 전, 구이, 고기 등 많은 요리에 기름을 발라서 더 맛있어 보이게 연출한다.

Food Styling

After

Before

이쑤시개와 산적꽂이 Toothpick & stick

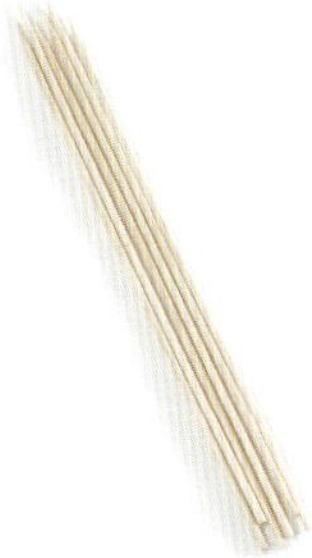

Food Styling

음식을 고정하거나 작은 부분을 수정하고 연출할 때 쓰이며, 안 보이는 곳을 고정할 때 특히 많이 사용한다. 촬영용 햄버거를 만들 때에는 꽂이를 이용하여 고정해 주는 것이 좋다. 그 이유는 햄버거에 들어가는 다른 재료를 고정해 주고, 완성 시에는 형태가 고르고 먹음직스러운 햄버거 연출이 가능하기 때문이다.

Before

After

Iron bar

그릴용 쇠막대

고기 연출 시 그릴용 쇠막대를 불에 달구어 그릴 모양을 찍을 때 사용한다. 그릴 모양을 바둑판 모양으로 찍어 주면 더 먹음직스러워 보인다.

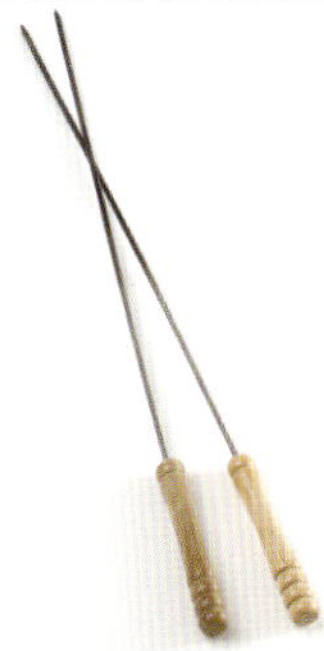

Food Styling

Before

After

핀셋

Pincette

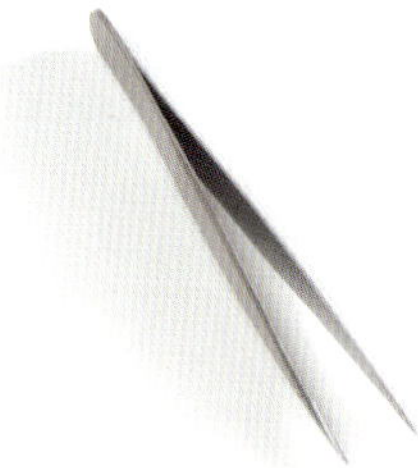

미세한 부분의 음식물을 수정하거나 손으로 만질 수 없는 부분을 연출할 때에 사용한다. 볶음밥을 연출할 때 밥은 기름과 간장을 발라서 먼저 준비해 두고, 채소는 따로 볶아서 준비한 다음 기름을 바른 밥 위에 핀셋을 이용하여 채소를 심어서 연출한다.

After

Before

Pin

옷 핀

음식물을 고정하거나 모양을 잡아 줄 때 사용한다. 옷핀으로 고정하고 튀긴 닭은 튀김옷을 입혀도 둥근 모양을 유지한다. 광고 촬영을 할 때에 이러한 방법을 많이 사용한다.

Food Styling

Before

After

실과 바늘 Thread & needle

음식물을 꿰매거나 묶을 때 사용한다. 보이는 부분은 묶은 실을 잘라 연출하고 보이지 않는 부분은 그냥 사용하여도 된다. 국수를 소량 묶어서 삶으면 그릇에 담을 때 면 가닥을 가지런하게 연출할 수 있다. 광고 촬영을 할 때에 일반적으로 국수를 담으면 국수 가닥에 그림자(shadow)가 생겨 깔끔하게 연출되지 않으므로 묶어서 사용하는 경우가 많다.

Food Styling

Before

After

Cotton swabs

면 봉

그릇에 미세하게 묻은 소스나 음식물들을 닦거나 정리할 때 사용한다. 특히 기름기가 있는 국물이 담긴 그릇의 지저분한 부분을 정리할 때 많이 사용된다. 그러므로 촬영할 때에 항상 준비되어 있어야 한다. 아래 그림과 같이 그릇 안쪽에 묻은 수프를 닦을 때 면봉을 이용하면 간편하다.

Food Styling

After

Before

주사기와 글리세린 Injection & glycerin

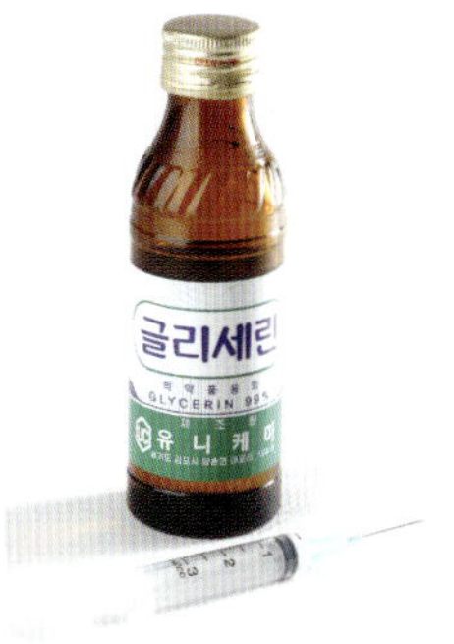

Food Styling

광고는 장시간에 걸쳐 촬영되므로 쉽게 마르는 물방울은 주사기와 글리세린을 이용하여 연출하는 것이 효과적이다. 물을 이용하여 물방울을 만들었을 때와 글리세린을 이용하여 물방울을 만들었을 때 시각적으로 아주 큰 차이가 보인다. 물은 장시간 연출로 인해 금방 증발되지만 글리세린은 지속성이 있어 효과적이다.

Before

After

Spoid

스포이트

스포이트는 음식물이 넘치거나 부족할 때 사용하면 편리하다. 또한, 음식물에 자연스럽게 묻은 소스 연출에 많이 사용한다. 유리컵에 얼음이 담겨져 있는 음료는 촬영시간이 길어지면 얼음이 녹아 그 색과 부피가 변하므로 스포이트를 사용하여 물의 수위를 조절하면 편리하다.

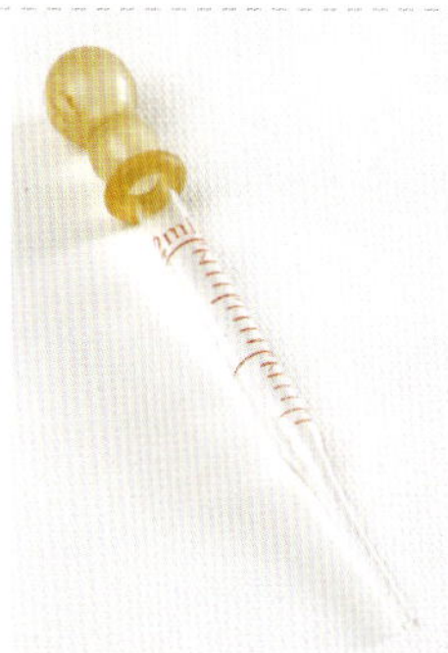

Food Styling

After

Before

빨 대 Straw

Food Styling

좁은 용기에 내용물을 더하거나 줄일 때 사용한다. 또한, 담배로 연기 연출을 할 때도 많이 활용된다. 촬영을 하다 보면 음식물이 식는 경우가 대부분인데, 이때 인공적으로 따뜻함을 연출하기 위해 빨대를 사용하여 담배 연기를 연출할 수 있다.

After

Before

Funnel

깔때기

입구가 좁은 용기에 소스나 액체 물질을 옮길 때 용기 벽면에 흐르지 않고 넣을 수 있어 편리하다. 그림과 같이 깔때기를 사용하면 올리브 오일 등을 용기에 묻히지 않고 깔끔하게 옮길 수 있어 편리하다.

Food Styling

After

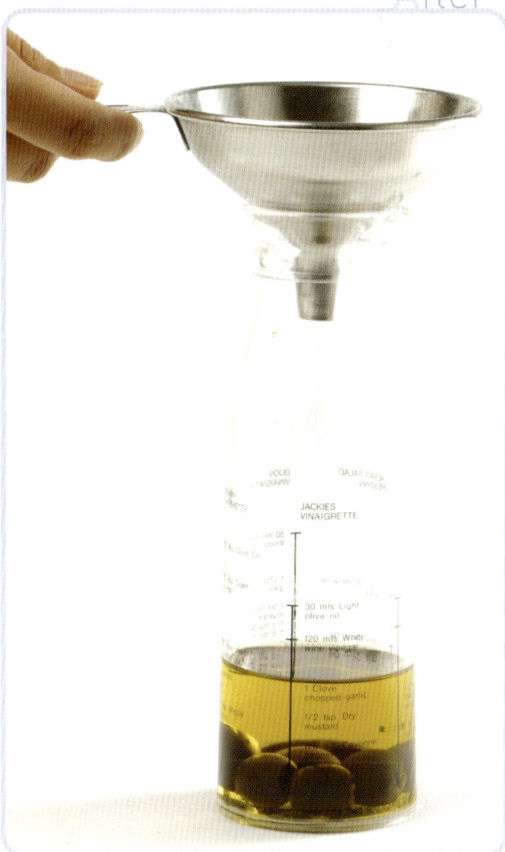

Before

타이머

Timer

Food Styling

시간에 따라 음식의 상태가 변하는 요리를 할 때 타이머로 시간을 체크하면 원하는 상태의 음식을 만들 수 있어 편리하다. 달걀처럼 속이 보이지 않는 음식은 타이머로 시간을 맞춰서 익히면 원하는 정도로 익힐 수 있다.

Before

After

Thermometer

온도 측정계

일본식 튀김이나 오븐 등 온도가 정확히 맞아야 하는 음식일 경우 온도 측정계를 사용하면 훨씬 효과적이다. 기름의 온도가 너무 높으면 음식이 제대로 익기 전에 표면이 탈 수 있으므로 온도 측정계를 이용하여 적당한 온도를 맞추도록 한다.

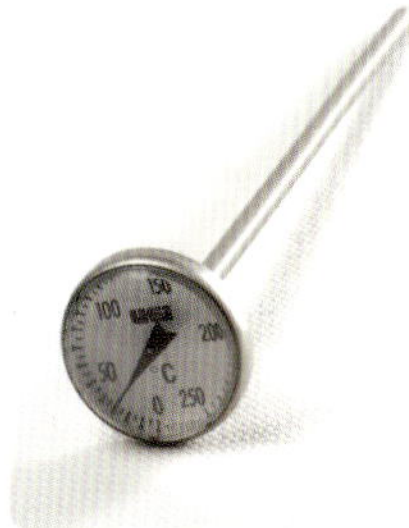

Food Styling

After

Before

작은 칼 Small knife

Food Styling

손에 잡히는 작은 칼은 원하는 모양의 과일이나 채소를 연출할 때 사용하면 좋다. 작은 칼로 키위를 돌려깎기하면 겹질을 얇게 벗길 수 있어 섬세한 연출과 원하는 모양을 만들 수 있다.

Before

After

Small scissors

작은 가위

미관상 보기 싫거나 카메라 앵글상에 걸리는 부분을 작은 가위로 잘라 정리하면 좀더 깔끔하게 연출할 수 있다. 호박전을 부쳤을 때 달걀물이 익으면서 옆으로 지저분하게 부쳐질 수 있는데, 이때 작은 가위로 호박전의 주변을 정리하면 깔끔하게 연출할 수 있다.

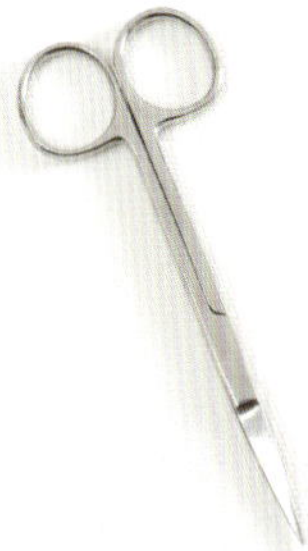

Food Styling

Before

After

작은 체

Small skimmer

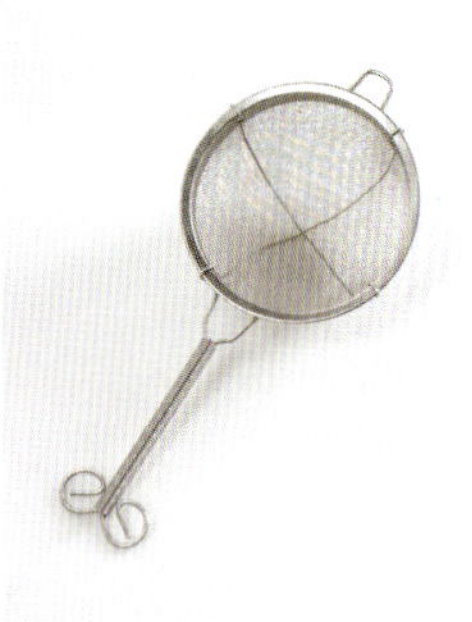

Food Styling

슈거 파우더나 코코아 파우더 등의 고운 가루를 칠 때 사용한다. 또한, 푸드 스타일링 연출 시 자주 사용하는 도구이다. 사과를 접시 위에 담은 후 그림을 그리듯이 슈거 파우더를 뿌려 분위기 있는 연출 효과를 낼 수 있다.

After

Before

Scoop

스쿠프

스쿠프는 모양을 내는 도구로 과일 데커레이션이나 새로운 스타일을 연출할 때 많이 사용한다. 스쿠프로 퍼낸 메론 데커레이션은 칼로 자른 것보다 훨씬 연출력이 돋보인다.

Food Styling

Before

After

제스트

Zest

제스트는 오렌지나 레몬 껍질을 자연스럽게 다듬어주는 도구로 데커레이션용으로 많이 사용한다. 서벗 위에 제스트로 벗긴 껍질을 데커레이션 하면 칼로 채친 것보다 웨이브가 있어 연출하면 자연스럽고 생동감 있어 보인다.

Food Styling

After

Before

Peeler

필 러

필러는 채소나 과일을 아주 얇게 썰 때 사용하는 도구로, 데커레이션용으로 다양하게 활용할 수 있다. 필러를 사용하여 자른 오이는 일정한 두께로 잘라지므로 규격화된 데커레이션 연출 시에 많이 사용한다. 특히 규격화된 롤 연출과 채를 칠 때 자주 사용한다.

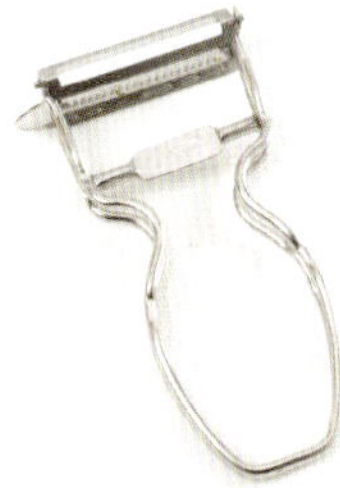

Food Styling

After

Before

토치 램프

Torch lamp

Food Styling

토치 램프는 음식의 표면을 맛있게 보이게 하거나 음식의 형태를 유지하면서 익히고자 할 때 주로 사용하는 도구이다. 생선구이, 스테이크, 닭 오븐구이, 그래탕류의 표면의 구운 효과를 연출하고자 할 때에 많이 사용된다.

Before

After

Air brush

에어브러시

에어브러시 배경에 붙어 있는 미세한 먼지나 부스러기 등을 정리할 때 사용한다. 이것은 포토 그래퍼들이 많이 사용하는 도구이지만, 푸드 스타일리스트도 가지고 있으면 유용하게 활용할 수 있다.

Food Styling

Before

After

페이스트리 백과 팁 Pastry bag & tip

생크림, 마요네즈 등의 크림류를 데커레이션할 때 많이 사용한다. 케이크에 페이스트리 백(pastry bag)을 사용하여 데커레이션할 경우 여러 종류의 팁(tips)을 사용하면 다양한 연출을 할 수 있다.

Food Styling

Before

After

Whisk

거품기

거품을 낼 때 사용하는 도구로 촬영 시에 자주 활용한다. 거품을 낸 흰자는 카푸치노 연출에 주로 사용하며, 경우에 따라서는 맥주의 거품 연출에도 사용한다.

Food Styling

After

Before

면 보

Cheese cloth

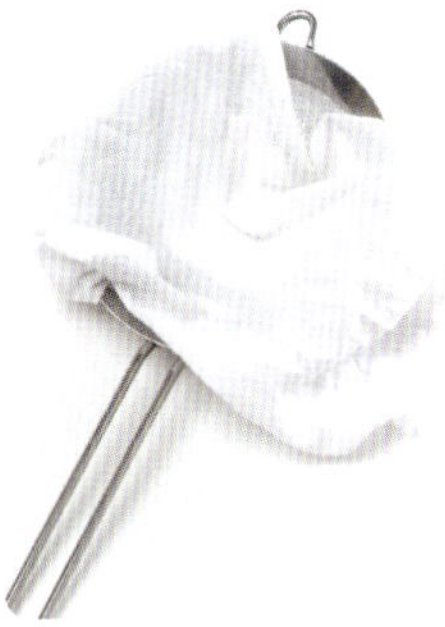

Food Styling

육수나 건더기가 있는 액체를 깨끗하게 거를 때 사용하는 도구이다. 라면 광고를 촬영할 때 라면 국물은 면보를 사용하여 건더기를 거르고 사용해야 깔끔한 라면 이미지를 연출할 수 있다.

After

Before

Starch syrup

액체도구

물 엿

Food Styling

음식의 농도 조절이나 광택을 줄 때 주로 사용한다. 예를 들면, 맛있는 고추장 연출이나 간장으로 조림한 음식류나 걸쭉한 음식의 이미지를 연출하는 데 많이 사용한다. 촬영 직전에 감자조림에 물엿을 발라주면 훨씬 더 윤기가 나고 맛있어 보인다.

After

Before

커 피

Coffee

Food Styling

빵이나 고기 등에 갈색의 색감을 입히기 위해 커피를 사용하면 구운 듯한 느낌을 연출할 수 있다.

After

Before

Soy sauce

간 장

육수나 소스, 커피 등의 색감을 연출하기 위해 많이 사용한다. 광고를 촬영할 때 육수를 그대로 사용하면 육수에 떠 있는 기름기와 잔여물 등으로 국물이 탁하거나 지저분해 보일 수 있다. 그러므로 육수 대신 물에 간장을 넣어 국물의 색을 표현함으로써 연출력을 높일 수 있다.

Food Styling

After

Before

캐러멜 소스

Caramel sauce

앞서 언급한 커피, 간장과 같은 용도로 이용된다. 특히 캐러멜 소스는 적은 양으로도 짙은 색을 표현할 수 있으므로 진한 색을 연출할 때 사용한다. 잡채에 캐러멜 소스를 살짝 섞어 줌으로써 훨씬 더 먹음직스럽게 연출한다.

After

Before

Baby oil

베이비오일

베이비오일은 식용유와 같은 용도로 사용된다. 주로 광고 촬영에서 맛있는 밥을 연출할 때 식용유를 바르는 것보다 베이비오일을 발라주면 보다 더 더 투명하고 윤기 있는 밥을 연출할 수 있다.

Food Styling

Before

After

젤라틴

Gelatine

Food Styling

케이크, 빵, 과일조림 등의 식품 표면에 젤라틴을 발라 주면 식품에 광택과 코팅을 더해 줄 수 있다. 또한 음식의 표면이 건조되는 것을 방지해 준다. 젤라틴을 따뜻한 물에 녹인 후 적정량을 치즈 케이크의 표면에 발라 주면 훨씬 촉촉하고 먹음직스러운 치즈 케이크를 연출할 수 있다.

Before

After

Food color

푸드 컬러

푸드 컬러는 색으로 연출할 수 있는 모든 음식에 사용할 수 있다. 특히 음료나 컬러풀(colorful)한 음식에 많이 사용한다. 그림에서 볼 수 있는 것처럼 푸드 컬러를 사용하여 토마토 주스를 연출한 경우 푸드 컬러를 사용하지 않은 주스보다 훨씬 더 상큼하고 맛있어 보인다.

Food Styling

After

Before

특수도구

인조 서리

Artificial frost

냉동실에서 금방 꺼낸 듯한 맥주병 연출이나 맥주병에 서리가 낀 것처럼 연출할 때 사용한다.

Food Styling

After

Before

Artificial ice cube

인조 얼음

물에 24시간 불려서 사용하는 것으로 얼음은 금방 녹으므로 인조 얼음을 사용하면 훨씬 효과적이다.

Food Styling

Before

After

인조 얼음 알갱이 Artificial ice granule

Food Styling

인조 얼음 알갱이를 20분 정도 물에 불려서 사용 하는 것으로 싱싱한 해산물 연출에 효과적으로 활용할 수 있다.

Before

After

Artificial crystal ice

인조 크리스털 얼음

얼음 대용으로 쓰이며 얼음보다 단단하고 속이 투명해서 위스키 광고에 많이 사용한다.

Food Styling

After

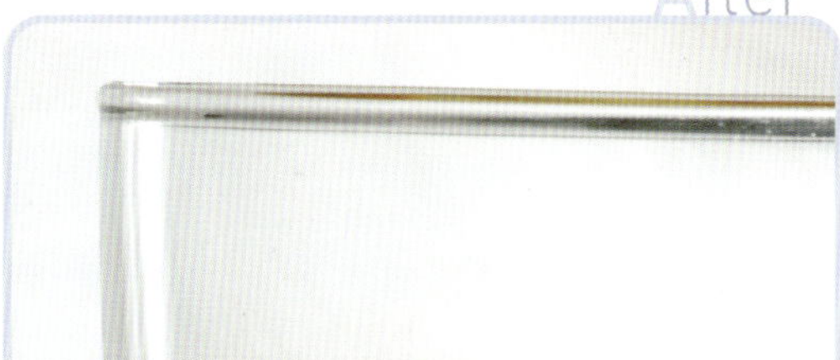

Before

인조 거품

Artificial foam

Food Styling

두 가지 약품(A와 B)을 섞어 만드는 것으로 거품 연출을 할 때 효과적이다. 특히 맥주 거품을 연출할 때 많이 활용된다.

Before

After

Artificial vapour

인조 연기

두 가지 약품(A, B)을 섞어 연기를 만드는 것으로 광고 촬영에 주로 사용한다. 약품이 독하므로 막대로 섞어 음식 표면에 묻혀서 연기를 연출한다.

Food Styling

Before

After

인조 물방울

Artificial drop

Food Styling

채소나 과일의 신선함을 주기 위한 물방울 연출 시 일반적으로 글리세린을 많이 사용하기도 하지만 더욱 선명한 물방울을 연출하기 위해서는 인조 물방울을 사용하는 것이 좋다.

Before

After

Artificial ice cream

인조 아이스크림

아이스크림을 장시간 촬영하면 조명의 온도에 의해 쉽게 녹아내리므로 인조 아이스크림을 사용하여 스타일링을 하면 효율적이다. 시중에 판매되는 인조 아이스크림에는 바닐라, 초코, 딸기, 피스타치오 등이 있다.

Food Styling

After

Before

인조 눈 Artificial snow

Food Styling

얼음을 갈아서 팥빙수를 촬영하면 시간 경과와 조명의 열기에 의해 쉽게 녹는다. 따라서 인조 눈을 사용하면 효율적으로 스타일링을 할 수 있다.

After

Before

Special stick glue

특수 접착제

특수 접착제는 주로 포토그래퍼가 가지고 다니면서 많이 사용하는데, 물체를 눈에 보이지 않게 접착시키거나 고정시킬 때 주로 사용한다. 접시 위에 달걀을 세워서 연출할 때 사용하면 편리하다.

Food Styling

Before

After

순간 접착제

Quick stick glue

Food Styling

순간 접착제는 특수 접착제보다 접착력과 고정력이 약하지만 단시간에 물체를 접착시킬 수 있으므로 편리하게 사용할 수 있다. 가격도 특수 접착제보다 저렴하다.

Before

After

Anti-reflect spray

반사 방지 스프레이

철제나 유리 제품들은 빛이 반사되기 때문에 사진 촬영 시 사진의 느낌을 떨어뜨릴 수 있다. 이때 반사 방지 스프레이를 분사하면 원하는 느낌을 연출할 수 있다.

Food Styling

After

Before

3. 촬영용 음식연출 및 도구응용법

햄버거 연출

① 고기의 표면이 매끄러울 정도로 곱게 다져 많이 치대어 준비한다.

② 빵보다 큰 틀에 고기를 넣어서 손으로 잘 눌러 모양을 잡고, 고기 반죽의 중간을 손으로 눌러 주어 부풀어 올라오는 것을 방지한다.

③ 고기를 익힐 때는 보이는 부분인 옆면부터 갈라지지 않도록 돌려가면서 익히고, 앞뒤로 골고루 익힌다.

④ 빵에 접착제를 사용하여 참깨를 붙여 더 맛있어 보이도록 만든다.

⑤ 참깨를 붙인 빵을 잘 굽거나 커피를 발라 연출한다.

⑥ 빵 위에 채소를 올린 다음 꽂이를 이용하여 고정시킨다.

⑦ 그 위에 고기, 치즈, 양파, 토마토, 빵을 순서대로 올리고 고정시킨다.

⑧ 고기에는 기름을 발라 윤기를 낸다.

⑨ 토마토에는 글리세린을 이용하여 물방울을 연출해 싱싱함을 더해 준다.

⑩ 스포이트를 이용하여 마요네즈를 양상추에 조금씩 올린다.

⑪ 완성된 햄버거에 기름을 발라서 마무리한다.

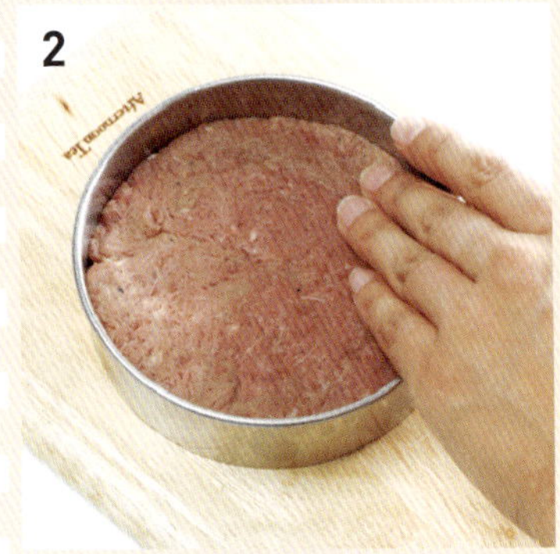

6

7

8

9

10

시판되고 있는 햄버거

카레라이스 연출

① 채소는 깍둑썰기한 후 모서리를 둥글게 다듬어 준비한다.

② 끓는 물에 채소를 넣어 데친다.

③ 채소가 익으면 체를 이용해 건져낸다.

④ 준비해 둔 고기는 팬에 볶는다.

⑤ 카레가루를 물에 잘 푼 후에 푸드 컬러를 몇 방울 떨어뜨려 색을 선명하게 해준다.

⑥ 물에 잘 풀어 준비해 둔 카레를 서서히 끓이면서 윤기를 내기 위해 물엿을 넣는다.

⑦ 밥은 고슬고슬하게 지어서 그릇에 담는다(베이비오일을 발라줘도 좋다).

⑧ 준비해 둔 채소와 고기를 산적꽂이를 이용해 밥에 심는다.

⑨ 카레를 조금씩 밥 위에 뿌린다.

⑩ 완성된 카레라이스에 장식을 한다.

⑪ 밥은 기름을 발라서 윤기를 더해준다.

1

2

3

4

5

시판되고 있는 카레라이스

닭 오븐구이 연출

① 잘 손질한 닭을 준비하여 닭 껍질의 털은 핀셋을 사용하여 제거한다.

② 젖은 수건을 배에 넣어 통통해 보이게 한다.

③ 실과 바늘을 이용하여 배를 봉합해 준다.

④ 닭다리는 실로 잘 묶어 준다.

⑤ 묶은 다리는 이쑤시개를 이용하여 고정해 준다.

⑥ 닭 표면에 기름을 발라 준 후 오븐에 30분 정도 굽는다.

⑦ 닭의 표면에 커피를 발라 구운 듯한(roasting) 느낌의 색상을 연출한다.

⑧ 로즈마리를 핀셋으로 붙인다.

⑨ 토치 램프로 겉을 조금 더 익혀줌으로써 자연스럽게 익은 듯한 느낌을 연출해 준다.

⑩ 접시에 채소를 깔아 주어 더 먹음직스럽게 연출한다.

1

2
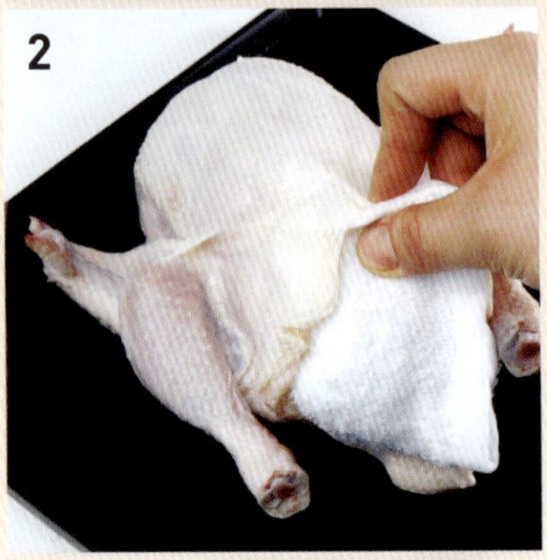

3
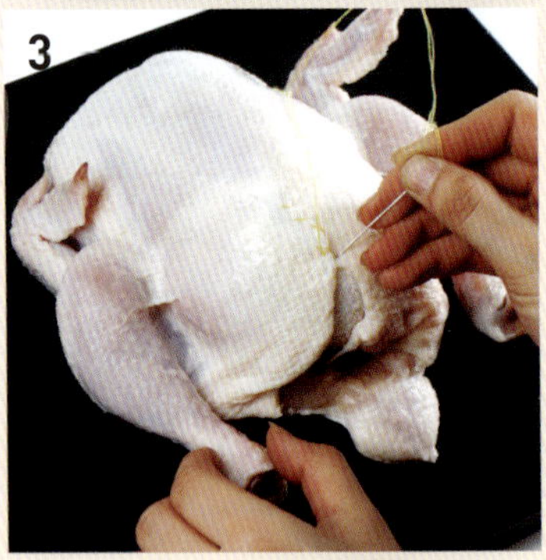

4
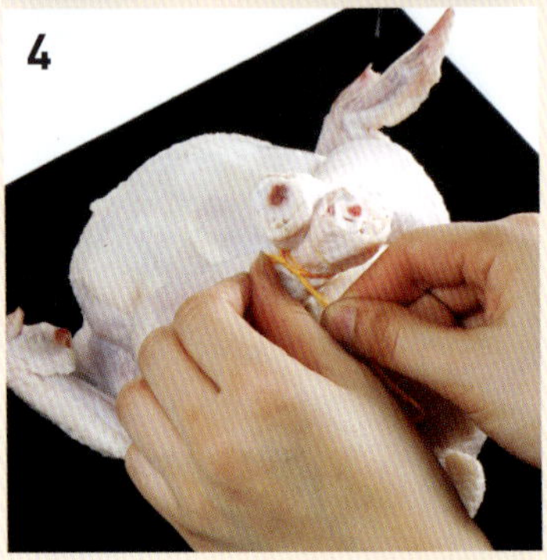

5
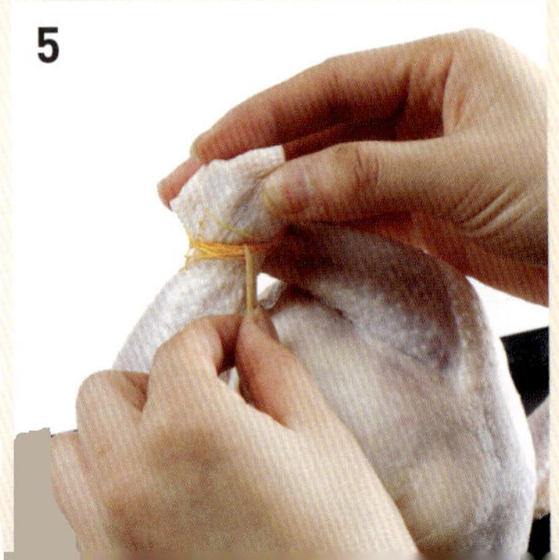

6

7

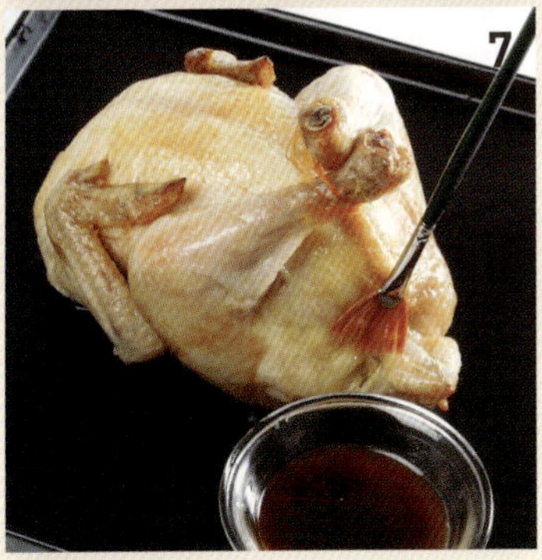

8

9

시판되고 있는 닭 오븐구이

피자 연출

① 피자 한 조각 크기보다 약간 작게 빳빳한 종이를 가위로 자른다.

② 자른 종이에 테이프를 붙여 고정시킨다.

③ 피자 도우를 한 조각 미리 자른다.

④ 잘 늘어나는 치즈(모차렐라 치즈)를 조각 선상에 올린다. 보이는 부분에 치즈를 많이 올리면 좋다.

⑤ 소스를 반죽(dough)에 정량보다 적게 발라준다. 소스가 많은 경우 치즈와 도우를 분리시켜 치즈를 늘리는 데 장해가 되기 때문에 소스를 바른 도우 위에 치즈를 골고루 뿌린다.

⑥ 초벌구이를 한 도우 위에 재료들의 위치를 잡아 부피감 있게 심는다.

⑦ 그 위에 치즈를 자연스럽게 뿌린 다음 굽는다.

⑧ 피자를 다시 꺼내어 피자에 부피감을 주기 위해 핀셋을 이용하여 모든 토핑 재료들을 세운다. 세울 때 주로 양파나 버섯을 세운 토핑 재료들 뒤에 받쳐 준다.

⑨ 색이 변하기 쉬운 브로콜리는 나중에 올린다.

⑩ 처음에 조각낸 부분의 뒷부분을 가위로 잘라 준다.

⑪ 준비해 둔 서버로 서서히 올리면서 산적꽂이나 이쑤시개로 자연스럽게 구멍을 만들어 치즈가 늘어나는 느낌을 자연스럽게 살려 준다.

1

2

3

4

5

시판되고 있는 피자

우동 연출

① 당근은 틀에 찍어 준비한다.

② 표고버섯은 칼집을 넣어 데친다.

③ 쑥갓은 고추 링을 만들어 끼워서 쑥갓다발을 만들어 준비한다.

④ 우동 면을 삶는다.

⑤ 삶아진 우동 면을 얼음물에서 차게 식힌다.

⑥ 면보에 우동 면을 건져서 물기를 적당히 제거한다.

⑦ 삶은 무를 그릇에 먼저 깐다. 삶은 무를 사용하는 이유는 무게감이 생겨 육수를 부었을 때 떠오르지 않고 고정이 되기 때문이다.

⑧ 물기를 적당히 제거한 후 삶은 면을 무 위에 올린 후 채소와 새우를 꽂이를 사용하여 입체적으로 고정시킨다.

⑨ 물에 간장을 풀어 우동 육수의 색을 만든다.

⑩ 언출한 우동의 뒷부분 형태가 무너지지 않도록 간장 육수를 조심스럽게 붓는다.

1

2

3

4

5

시판되고 있는 우동

Food Styling

1

2

3

4

아이스크림 연출

① 적량의 슈거 파우더, 물엿, 마가린을 준비한다.

② 슈거 파우더에 물엿 마가린을 넣어서 잘 반죽한다.

③ 용기에 잘 눌러 담아서 냉장고에 미리 넣어 둔다.

④ 냉장고에서 꺼낸 아이스크림을 스쿠프로 자연스럽게 떠서 담는다.

⑤ 과일, 민트잎 등으로 장식한다. 아이스크림이 약간 녹은 듯한 느낌을 연출하고자 할 때는 물을 발라 주면 자연스럽게 녹은 아이스크림을 연출할 수 있다.

Food Styling

시판되고 있는 아이스크림

Food Styling

카푸치노 커피 연출

① 달걀 흰자로 거품을 만든다.

② 따뜻한 커피를 잔에 담는다.

③ 미지근한 커피 위에 달걀 거품을 얹어 남은 열로 자연스럽게 녹아 내리는 느낌을 연출한다. 그리고 자연스럽게 연출하기 위해 커피를 묻힌 붓으로 가장자리에 거품을 골고루 발라준다.

④ 계피가루를 살짝 뿌린다.

⑤ 컵 주변을 깨끗이 하여 완성한다.

Food Styling

시판되고 있는 카푸치노 커피

1

2

4. 소품 만들기

마디 초로 배경 만들기

재료 : 마디 초, 가는 철사

① 마디 초를 철사로 엮는다.

② 마디 초 가장자리를 가위로 정리한다.

*갈대 나뭇가지 등으로도 만들 수 있다.

김밥 발로 배경 만들기

재료 : 김밥 발, 물감, 붓, 사포

① 김밥 발에 흰 물감을 바른 후 말린다.

② 마른 김밥 발에 준비한 물감을 잘 펴 바른다.

③ 마른 후 사포질을 해서 자연스럽게 만들어 준다.

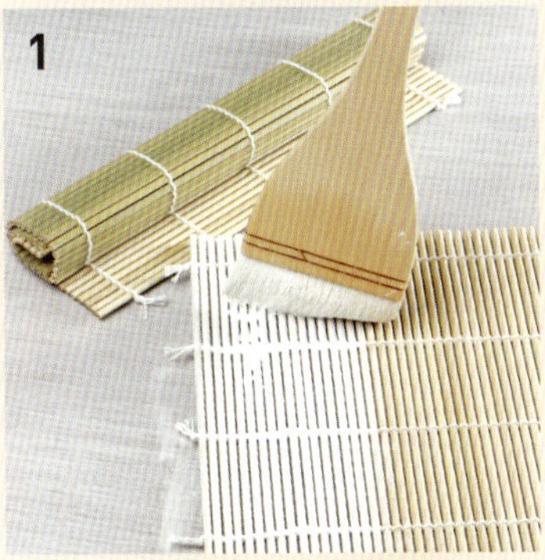
1

2

3

1

2

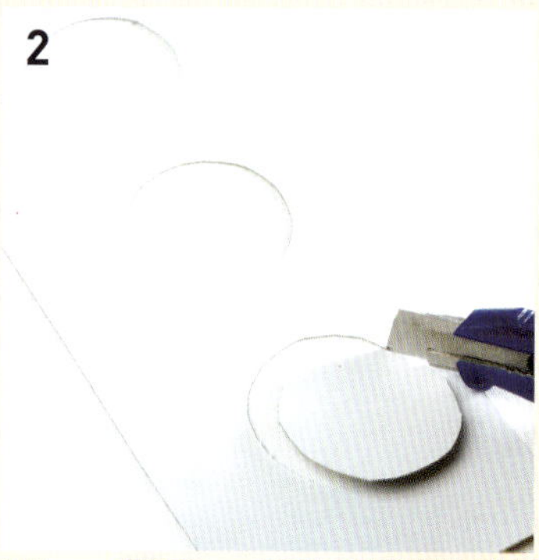

3

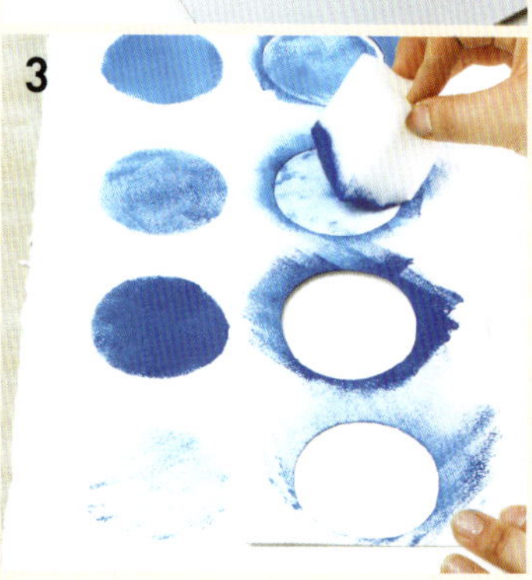

4

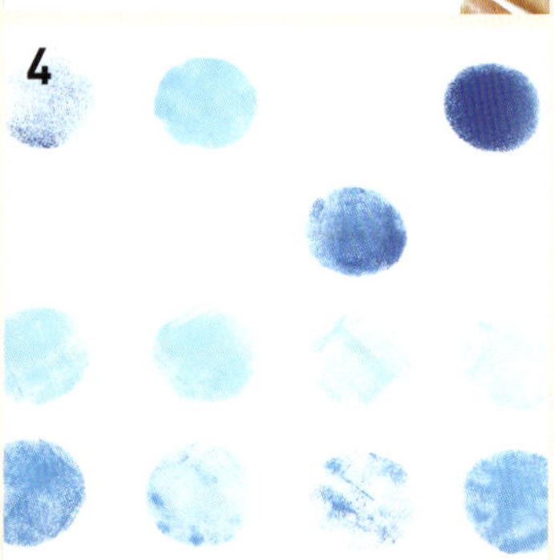

종이로 배경 만들기

재료 : 도화지, 마분지, 물감, 스펀지, 칼, 자, 필기도구

① 마분지에 좋아하는 그림이나 단순한 모양을 그린다.

② 그린 모양을 잘 오려낸다.

③ 도화지 위에 마분지를 올린 후 물감 바른 스펀지로 찍어준다.

④ 컨셉에 맞게 여러 가지의 색을 스펀지로 찍어 완성한다.

*종이 위에는 크레파스, 색연필, 색종이 등을 이용해서 매트를 다양하게 만들 수도 있다.

나무판으로 배경 만들기

재료 : 나무판, 물감, 붓, 사포

① 나무판에 흰 물감을 바른다.

② 흰 물감이 마른 후 좋아하는 색의 물감을 발라준다.

③ 물감을 말린 후 사포질해서 자연스러운 느낌을 살려준다.

*락카 스프레이, 페인트, 석고 등 다양한 재료를 쓸 수 있다.

1

2

3

구슬로 배경 만들기

재료 : 구슬, 글루건

① 종이에 이미지를 그린다.

② 구슬을 모양에 맞추어 글루건으로 이어준다.

③ 완성한 구슬 매트를 놓고 세팅한다.

1

2

3

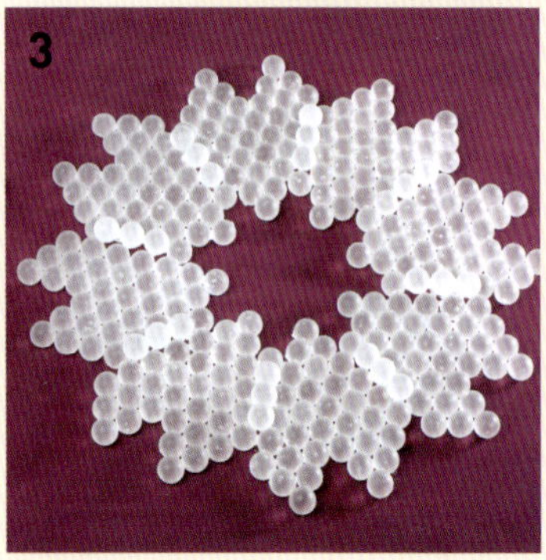

1

2

3

자수로 배경 만들기

재료 : 흰색 천, 실, 바늘, 자수틀

① 천 위에 밑그림을 그린다.

② 자수판에 밑그림 그린 부분을 잘 고정해서 끼운 후 색실을 이용하여 밑그림을 따라 수를 놓는다.

③ 수를 다 놓은 후 다림질한다.

*접시 밑 오른쪽 바닥 부분에 놓여진 수는 일부분이지만 두부와 콩을 이용한 웰빙 샐러드의 느낌을 간접적으로 깔끔하게 연출하였다.

1

2

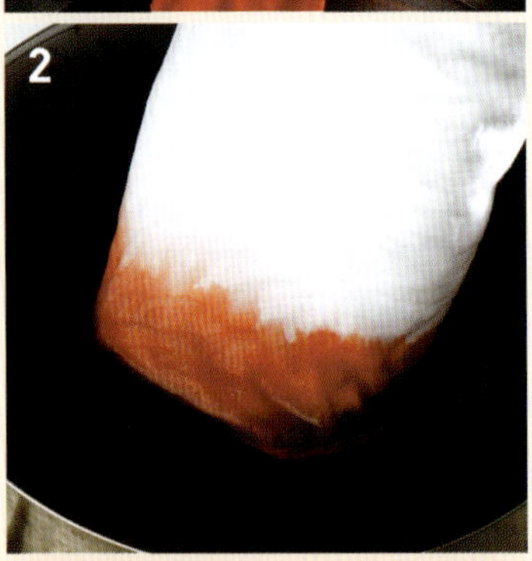

3

염색하여 배경 만들기

재료 : 흰색 천, 염색약 ,냄비, 버너, 물, 조각 천

① 흰색 천을 물에 적신다.

② 냄비에 물을 올리고 서서히 열을 가하면서 염색약을 푼 후에 조각 천으로 색 테스트를 한다.

③ 적셔 놓은 천을 냄비에 넣는다.

④ 원하는 색이 나오면 잘 말려 다림질한다.

*염색한 천을 뒷부분 배경에 자연스럽게 연출함으로써 단조로울 수 있는 배경을 생동감 있게 표현할 수 있다.

도마로 고풍스러운 배경 만들기

재료 : 도마, 사포, 조각도, 붓, 커피

① 도마에 사포질을 하여 낡은 느낌을 낸다.

② 조각칼을 이용하여 강약과 손상된 느낌을 연출한다.

③ 도마 부분부분에 커피물을 붓으로 자연스럽게 바른다.

*고풍스러운 도마를 만들어 그 위에 나무로 된 여러 종류의 볼을 사용하여 자연식품인 치즈와 함께 내추럴한 이미지를 연출한다.

1

2

3

1

2

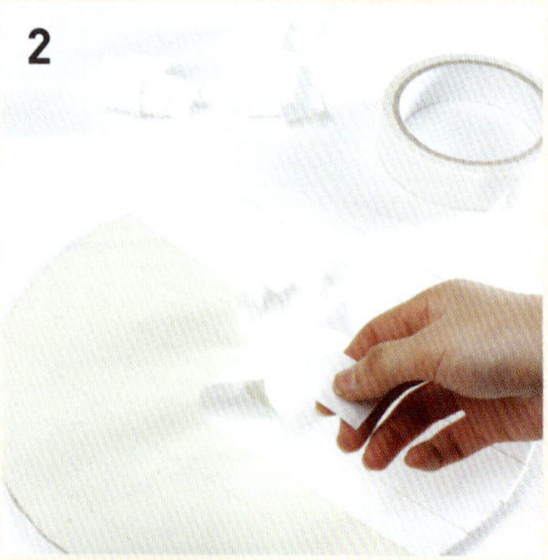

3

나뭇잎으로 배경 만들기

재료 : 나뭇잎, 하드보드지, 가위, 양면 테이프

① 종이를 둥글게 자른다.

② 자른 종이 한 면에 양면 테이프를 골고루 붙인다.

③ 나뭇잎을 뜯어서 둥글게 붙인다.

꼬임 줄로 배경 만들기

재료 : 꼬임 줄, 글루건, 하드보드지, 가위, 연필

① 종이에 둥근 원을 그려 판을 자른다.

② 종이 위에 꼬임 줄을 돌려가면서 글루건으로 고정한다.

③ 잘라낸 종이 위를 꼬임 줄을 모두 붙여 완성한다.

1

2

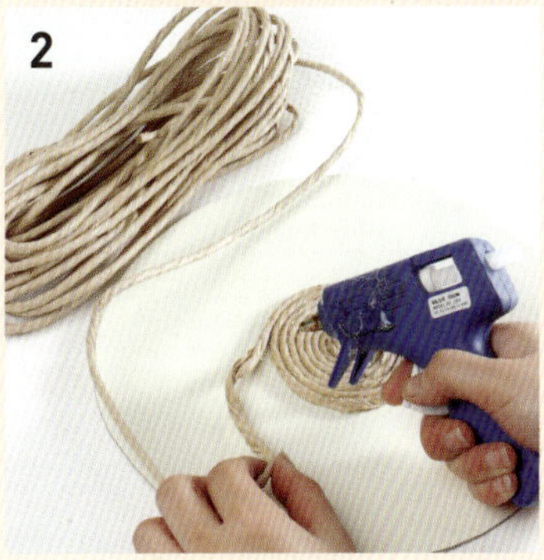

3

1

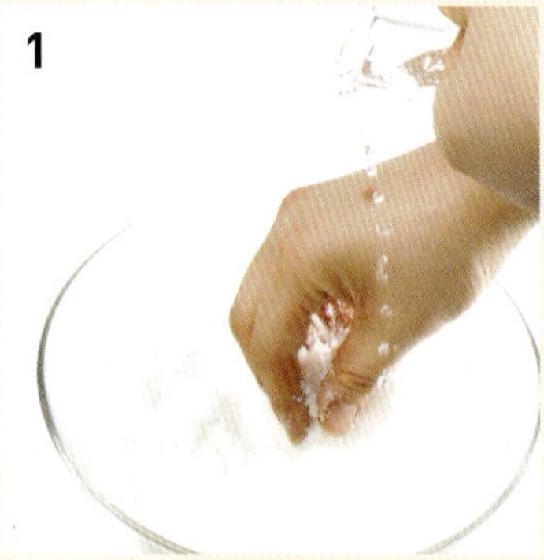

2

3

소금 그릇 만들기

재료 : 소금, 물, 오븐에 들어가는 틀

① 소금에 물을 조금씩 부어 뭉쳐질 정도의 상태로 만든다.

② 오븐 틀에 잘 펴서 붙인다.

③ 오븐에 구워 소금 그릇을 틀에서 조심스럽게 분리해 준다.

*소금으로 구운 그릇에 드레싱을 담아 연출하였다.

무 그릇 만들기

재료 : 무, 큰 칼, 작은 칼, 틀

① 큰 칼로 겉을 둥글게 깎는다.

② 무 중심을 틀로 찍는다.

③ 조각도와 작은 칼로 속을 파고, 둥글게 정리하면서 마무리한다.

*드레싱을 밝고 경쾌하게 연출하기 위해 무 그릇에 채소로 만든 드레싱을 담았다.

1

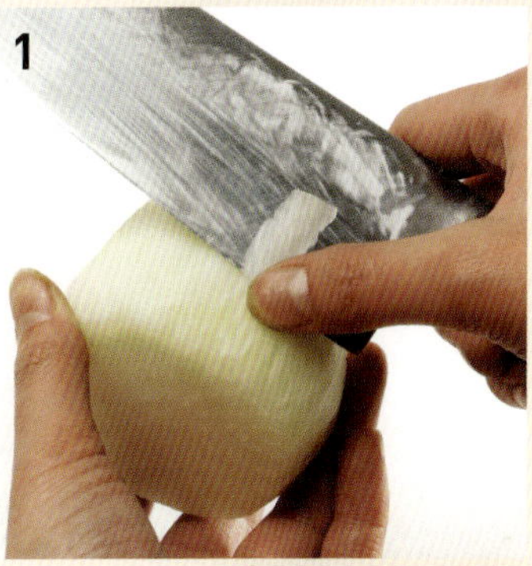

2

3

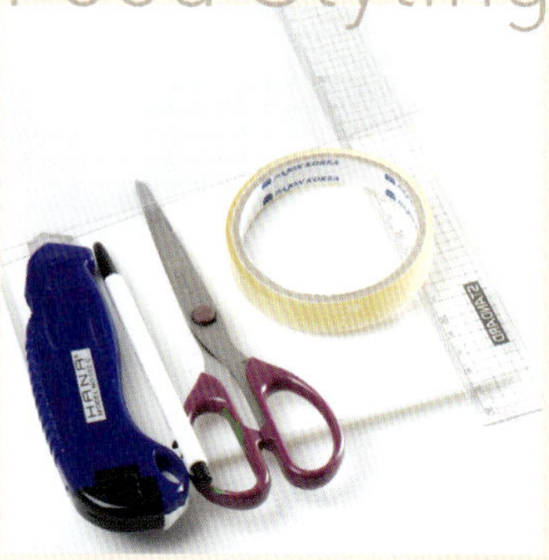

1

2

3

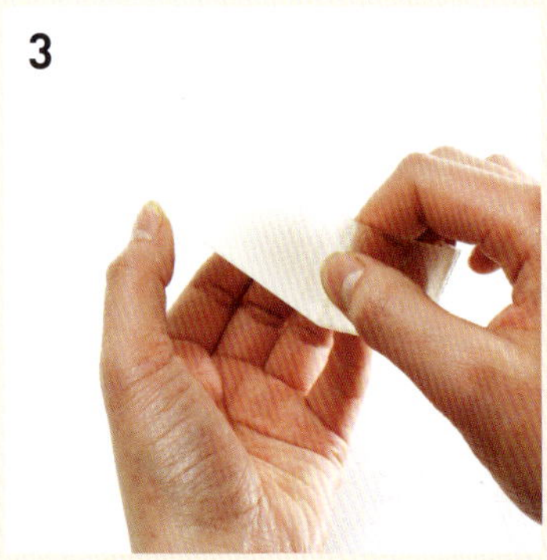

실로폰 그릇 만들기

재료 : 칼, 가위, 자, 투명 테이프, 펜, 아크릴판

① 종이에 제도를 한다.

② 아크릴판에 제도한 것을 옮기고 칼로 오린다.

③ 투명 테이프를 이용하여 고정한다.

*사이즈를 일정하게 줄여 여러 개 만들어 배치한다.

쌀국수 그릇 만들기

재료 : 쌀국수, 달걀, 붓, 오븐틀

① 쌀국수를 물에 적신 다음 적당한 크기로 잘라 오븐틀에 펴준다.

② 달걀 흰자를 이용하여 국수를 접착한다.

*오븐에 구워서 고정시킨다.

1

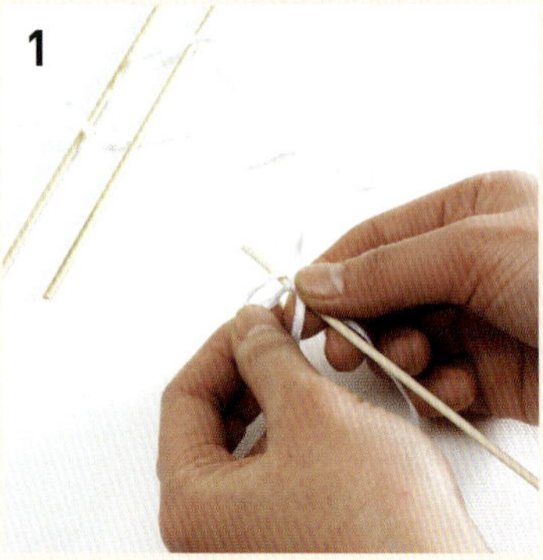

2

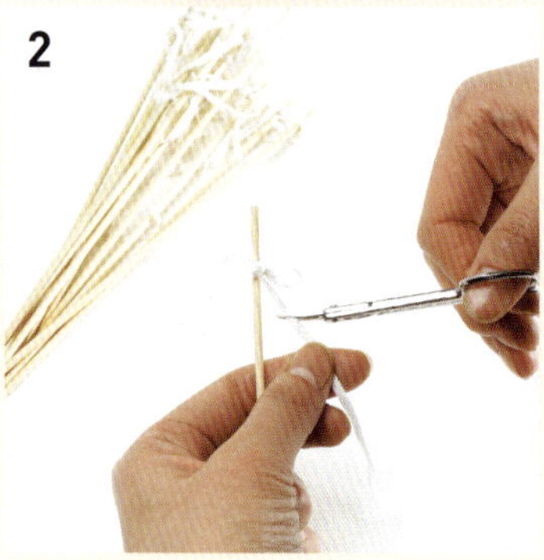

3

과일꽂이 만들기

재료 : 리본, 산적꽂이

① 꼬치에 리본을 묶는다.

② 리본의 끝을 예쁘게 정리한다.

③ 여러 개의 과일꽂이를 만들어 놓는다.

*키위를 돌려깎기한 다음 유리컵에 얼음을 담고 과일꽂이를 끼워 연출한다.

냅킨 링 만들기

재료 : 조화, 철사, 글루건

① 준비한 조화를 5~6송이 묶어 준비한다.

② 꼬임 종이를 여러 번 감아 냅킨 링대를 준비한다.

③ 링대에 준비한 조화를 장식한다.

④ 종이 테이프를 이용하여 정리한다.

1

2

3

4

Chapter 5*

Food Styling

푸드 스타일링의 실제

Chapter 5*

푸드 스타일링의 실제

푸드 스타일링은
변화를 통해 새로운 것을 창조하는 작업이다.
따라서 '규칙이란 깨어지라고 있는 것'을 항상 염두에 두고
스타일링에 임해야 한다.
(Delores Custer, CIA Lecture Material, 2003)

푸드 스타일링의 실제에서는 푸드 스타일링 시 고려할 사항과 음식 촬영 시 유의해야 할 사항, 작품평가를 위한 기본사항을 살펴보고자 한다.

미국의 푸드 스타일리스트 들로레스(Delores)와 국내의 푸드 스타일리스트 김경미의 실무경험과 강사로 활동하는 동안 집필한 원고의 내용을 바탕으로 편집 · 보완하였다.

1. 촬영 전 고려사항

• 의뢰인(client)이 요구하는 컨셉과 기본사항이 무엇이며 누가 언제 어떻게 보게 될 작업인지에 초점을 두어야 한다. 편집용인지 혹은 광고용, 패

키지용, 카탈로그용, 홍보용, TV 방송용인지를 구분해서 스타일링에 들어가도록 한다.

- 촬영을 통해 전하려는 컨셉과 메시지, 레이아웃이 어떠한지를 고려하여 스타일링을 해야 한다.
- 어떤 이미지를 원하는지에 따라 클래식(classic), 모던(modern), 엘레강스(elegance), 젠(zen) 등의 스타일을 반영하고 민족성, 계절성 등의 특성을 고려하여 스타일링을 해야 한다.
- 어떤 스타일을 통해 요리를 가장 이상적이면서 먹음직스럽게 보이게 할 것인지를 고려하여 창의적이면서도 예술적으로 스타일링을 해야 한다.

2. 촬영을 위한 고려사항

- 촬영을 위해 가장 신선한 식품과 제품을 구입하고, 경우에 따라 조금씩 다르지만 실제 사용할 양보다 2~3배 정도 많은 양을 구입해야 한다. 또한, 촬영 현장에서의 비상사태에 대비하여 2배 이상의 소품을 준비해야만 다양한 상황 대처를 할 수 있다.
- 촬영 장소에 가져갈 물품들을 체계적으로 정리정돈(organization)해 두어야 한다. 촬영 장소에 도착해서 음식준비 공간을 정리해야 하며, 먼저 사진 촬영에 앞서 촬영할 음식을 준비하고 감각을 실어 스타일링 작업을 해야 한다.
- 보다 나은 이미지 연출을 위해 촬영 전에 훌륭한 시안들을 찾아서 준비하고 의뢰인에게 제시하여 좀더 적극적이고 새로운 이미지 연출을 위해 노력해야 한다.

3. 카메라 앵글 상에서의 노하우

푸드 스타일링 시 카메라 앵글과 광원(라이트 방향)이 어디에서 오고 있는지, 또한 카메라의 각도는 몇 도인지, 초점(focus)이 어디에 있는지 고려하여 스타일링을 연출하도록 한다.

1 **촬영용 음식**은 비주얼 효과를 고려하여 레시피의 모든 단계를 거치지 않는 경우가 많지만, 가능하다면 완전한 레시피 대로 실제 음식을 만들어 본 후 반조리하거나 촬영할 때 대역을 사용하여 스타일링을 하기도 한다.
왼쪽의 이미지는 음식의 생동감과 형태 유지를 위해 양배추를 통으로 팬에 살짝 볶아 연출하였고, 오른쪽의 생선 이미지는 생선 특유의 성질상 껍질이 얇아서 잘 부서지므로 조리할 때 형태가 무너지지 않을 정도로 구워서 사용하였다.

2 **요리**가 전체적으로 인위적이지 않고 자연스럽게 보이도록 연출한다. 식재료 자체에 인공적으로 모양이나 색깔을 내지 말고 자연스런 분위기 연출에 초점을 맞추도록 한다.

3 **카메라 앵글** 상에서는 음식이 실제보다 부피감이 있어 보이므로 적은 듯하게 담아내는 것이 좋다. 실제보다 60~70% 정도 면적을 차지하도록 음식을 담도록 한다. 왼쪽 이미지는 음식을 유리 스탠드에 50% 정도 차지하도록 담았고, 오른쪽 이미지는 과일 토핑을 케이크 위에 80% 정도 차지하도록 담았다. 두 이미지를 카메라 앵글 상에서 비교해 보면 오른쪽의 음식이 많아 부담스러워 보이므로 오히려 적은 듯하게 담는 것이 좋다.

4 **음식 자체**는 비록 평면이지만 입체적으로 볼륨감있게 연출하여 식감을 최대한 자극하도록 한다.

5 **촬영 전 앵글**을 잡는 데 대략 20~30분 정도 시간이 걸리므로 촬영 직전에 물 스프레이와 기름붓을 이용하여 음식을 생동감 있게 연출하도록 한다.
왼쪽 이미지는 연어구이를 따뜻하고 먹음직스러운 느낌을 연출하기 위해 촬영 직전 초점(focus) 부분에 뜨거운 기름을 발라 주었고, 오른쪽 이미지는 토마토 샐러드의 드레싱이 조명에 녹을 것을 감안하여 촬영 직전 갈은 얼음 드레싱을 사용하였다.

6 **포인트**가 되는 요소(예 : 허브 잎) 또는 음식을 라이트 방향으로 놓음으로써 보다 더 신선한 느낌을 연출하였다.

7 **자세한** 부분을 표현할 때에는 적절하게 도구를 사용하며 깔끔하게 연출하도록 한다.

왼쪽 이미지 중 2번째 달걀에 초점이 있으므로 다른 달걀보다는 재료를 얹을 때 도구(예 : 핀셋)를 사용하여 입체적이면서도 맛있어 보이게 올렸다. 반면 오른쪽 이미지는 적절하게 도구를 사용하지 못하여 자세히 보면 자른 김이 올려져 있는 것을 볼 수 있다.

8 **비슷한 모양**의 아이템들을 나란히 배열하면 보는 이의 눈을 한 방향으로 이끄는 역할을 한다.

9 **음식**에 들어간 식재료를 사용하여 음식 위나 주변을 데커레이션하였다. 왼쪽 이미지는 중하새우 오렌지 샐러드로 샐러드 재료인 오렌지를 사용하여 필러(peeler)로 데커레이션하였고, 오른쪽 이미지는 볶은 잣을 사용하여 음식에 흩뿌려 주어 장식과 마무리 효과를 주었다.

10 **카메라 앵글** 상에는 육안으로 보는 것보다 거리감의 차이가 각도에 따라 매우 달라 보이므로 앞에 놓여지는 소품이나 음식은 되도록 작은 크기로 놓는다.

11 **국물**이 있는 음식은 촬영 직전에 국물을 부어준다.
왼쪽 이미지는 촬영 시작 전에 국물을 부어 주었기 때문에 내용물이 무너져 있고 라운드 부분에 붉은 기름이 돌아 지저분해 보인다. 반면 오른쪽 이미지는 촬영 직전에 국물을 부어 미세한 연기 연출과 흐트러지지 않은 모양을 볼 수 있다.

12 **아이템들**의 두께, 크기, 위치, 형태(모양) 등에 있어 통일성을 유지하여 매력적으로 연출하였다.

13 **소품 사용**에 있어 키 차이가 너무 나면 앵글이 높아지므로 의도하지 않은 이상 차이가 나는 소품은 유의하여 사용해야 한다.
왼쪽 이미지는 딸기 스무디 스타일링으로 글라스의 키가 높아 앵글이 높아져야 하는데 음식의 특성상 앵글이 낮아져 이미지 연출에 있어 세련된 느낌을 주지 못하였다. 반면 오른쪽의 이미지는 높은 글라스와 낮은 볼 그리고 백(back)을 적절히 사용하여 입체적이면서 자연스럽게 연출하였다.

14 **허브 잎**이나 포인트 양념 등은 촬영 직전에 올려야 생생함을 연출할 수 있다. 허브 잎은 차가운 얼음물에 담가 두었다가 촬영 바로 직전에 건져 모양과 생생함을 살려 연출하였다.

15 **사진**은 보이는 입체를 평면으로 표현하므로 경우에 따라 보이지 않는 모습은 크게 신경쓰지 않아도 된다. 음식을 접시에 담을 때 카메라 앵글 상에서 가운데 오는 것처럼 놓으며 좀더 입체적으로 보이기 위해 볼륨감 있게 신경써서 담는다.

16 **배경천**은 구겨짐이 없이 잘 다려야 사진 상에서 깔끔하게 보인다.

17 **사진의 각도**에 따라 음식이 담기는 위치와 높이는 달라져야 한다. 즉 앵글 상에서 음식이 가운데 온 것처럼 보이기 위해 앞으로 당기거나 뒤로 밀어야 한다.

18 **사진의 각도**에 따라 음식이 담기는 위치와 높이는 달라져야 한다. 즉 앵글 글 상에서 음식이 가운데 온 것처럼 보이기 위해 앞으로 당기거나 뒤로 밀어야 한다.

A는 카메라 앵글이 50~60° 정도 높아져 있으므로 B처럼 물체와 물체 사이를 가깝게 두어야 한다.

D는 카메라 앵글이 20~30° 정도 낮아져 있으므로 C처럼 물체와 물체 사이를 시야보다 멀리 두어야 한다.

A

B

C

D

Appendix*

Food Styling

부 록

1. 작품평가를 위한 체크리스트

완성된 작품을 체크리스트를 이용하여 다각도로 평가해봄으로써 완성도가 높은 작품을 재구성할 수 있다.

평가 항목	세부 항목	매우 그렇지 않다	그렇지 않다	그저 그렇다	그렇다	매우 그렇다
요구사항에 대한 만족도	작품의 주제를 잘 반영하고 있는가?	①	②	③	④	⑤
	관심을 끌만한 작품인가?	①	②	③	④	⑤
	제품의 장점을 잘 표현하였는가?	①	②	③	④	⑤
	인위적인 연출의 느낌은 나지 않는가?	①	②	③	④	⑤
	전체적인 컨셉에 맞게 색채의 조화가 잘 이루어졌는가?	①	②	③	④	⑤
음식의 사용 재료	푸드 스타일링과 음식 담은 모양의 색채는 조화로운가?	①	②	③	④	⑤
	푸드 스타일링과 그릇의 색이 조화로운가?	①	②	③	④	⑤
	푸드 스타일링과 배경색이 조화로운가?	①	②	③	④	⑤
	푸드 스타일링과 주변에 놓여진 소품(식재료, 주변 그릇) 색이 조화로운가?	①	②	③	④	⑤
	푸드 스타일링 색채에서 식욕이 자극되는 정도는?	①	②	③	④	⑤
	전체적인 푸드 스타일링과 색의 조화가 세련되었는가?	①	②	③	④	⑤
준 비	너무 많은 재료의 사용으로 혼란스럽지는 않은가?	①	②	③	④	⑤
	재료의 계측이 정확하게 표현되었는가?	①	②	③	④	⑤
	준비하는 데 쓰이는 기구가 적절하게 사용되었는가?	①	②	③	④	⑤
조 리	조리법이 간결하고 쉽게 설명되었는가?	①	②	③	④	⑤
	합리적인 조리방법인가?	①	②	③	④	⑤
	어려운 조리기술이 많이 필요했나?	①	②	③	④	⑤
	특별한 기술이나 정보제공을 빠뜨리지는 않았나?	①	②	③	④	⑤

2. 푸드 스타일리스트 자질평가를 위한 체크리스트

푸드 스타일리스트로서의 자질을 아래 체크리스트를 이용하여 평가해 봄으로써 푸드 스타일리스트로서의 부족한 부분을 채우는 데 도움을 줄 수 있다.

평가 항목	세부 항목	매우 그렇지 않다	그렇지 않다	그저 그렇다	그렇다	매우 그렇다
갖추어야 할 기본 자질	창조적이며 예술가적인 기질이 있는가?	①	②	③	④	⑤
	끈기와 참을성, 다름 사람들과 함께 할 수 있는 팀워크가 있는가?	①	②	③	④	⑤
	정리, 계획, 문제해결 능력이 있는가?	①	②	③	④	⑤
	리더십과 결단력이 있는가?	①	②	③	④	⑤
	요리 능력은 있는가?	①	②	③	④	⑤
	유머 감각과 스트레스 해소 능력이 있는가?	①	②	③	④	⑤
	순발력이 뛰어나며 프로 근성이 있는가?	①	②	③	④	⑤
	건강한가?	①	②	③	④	⑤
	유머 감각, 재치가 있는가?	①	②	③	④	⑤
갖추어야 할 지식 영역	전문요리학교나 관련 학위를 가지고 있는가?	①	②	③	④	⑤
	미술과 디자인에 대한 과목을 수료했는가?	①	②	③	④	⑤
	플라워, 테이블, 티 등의 과목을 수료했는가?	①	②	③	④	⑤
	마케팅과 비즈니스 분야에 대한 과목을 수료했는가?	①	②	③	④	⑤
	제작과정에 대한 이해를 하고 있는가?	①	②	③	④	⑤
	어시스트, 식품회사, 잡지, 출판사, 홍보대행사, 프로덕션에 정식 직원으로 일한 경험이 있는가?	①	②	③	④	⑤
	호텔, 레스토랑 등에서 일한 경험이 있는가?	①	②	③	④	⑤

그림출처 Picture source*

그림 1-1 Australian Gourmet traveller, 2004, 3.
그림 1-3 (1) Cookand, 2004, 11.
(2) Foodandstyle, 웰빙 샐러드, 효성출판사, 2004.
(5) 로얄코펜하겐 카탈로그
(8) Wedding 21, 2004.
(9) Living at home, 2002, 12.
(10)~(12) 에버랜드 사외보-자연과 꿈, 2002, 3~4.
그림 2-2 wedding details, mary norden, Ryland peters & small, 2000.
그림 2-3 Donna Hay celebrate issue 9, 2003.
그림 2-4 (1) Donna Hay celebrate issue 12, 2003.
(2) Donna Hay autumn issue 8, 2003.
(3), (4) Donna Hay spring issue 17, 2004.
(5) Australian gourmet traveller, 2003.
그림 2-5 Living at Home, 2002, 5.
그림 2-6 Donna Hay summer issue 13, 2004.
그림 2-7 Ennoble, 2004, 11.
Goodmorning Doctor, 2004, 10.
그림 2-8 Gourmet, 2004, 1.
Martha stewart living, 2003, 8.
그림 2-9 Vogue Entertaining + Travel Christmas, 2002.
그림 2-10 Gourmet, 2004, 8.
그림 2-11 Taste + Color, Maria Villegas, 2003.
그림 2-12 Martha stewart living, 2003, 8.
Donna Hay food+wine issue 9, 2003.
그림 2-13 Martha stewart living, 2002, 6.
Martha stewart living, 2003, 8.
그림 2-14 Donna Hay celebrate issue 18, 2004.
Donna Hay spring issue 17, 2004.
그림 2-15 Donna Hay food+wine issue 15, 2004.
Donna Hay autumn issue 8, 2003.
그림 2-16 (1) Donna Hay celebrate issue 12, 2003.
(2) Martha stewart living, 2003, 8.
(3) Donna Hay celebrate issue 12, 2003.
(4) Donna Hay winter issue 10, 2003.
(5)~(9) Donna Hay spring issue 17, 2004.
(10) Donna Hay autumn issue 8, 2003.

그림 2-17 조리교재발간위원회, 2002.
그림 2-18 (1) Australian Gourmet Traveller, 2003.
(2) ABC delicious issue 34, 2004~2005.
(3) Australian Gourmet Traveller, 2003.
(4) Donna Hay food+wine issue 9, 2003.
(5), (6) 경기대학교 외식조리과 졸업 작품집, 2004.
(7) James Mcnair' s Salmon Cookbook, James Mcnair, 1987.
(8) Donna Hay celebrate issue 18, 2004.
(9), (10) ABC delicious issue 34, 2004~2005.
그림 2-19 이홍규, 칼라 이미지 사전, 1999.
그림 2-24 경기대학교 외식조리과 졸업 작품집, 2004.
그림 2-25 Martha stewart living, 2003, 8.
그림 2-27 すてきレシピ, 2002, 4.
그림 3-1 (1) My wedding, 2004.
(2) Wedding 21, 2004, 3.
(3) Haute, 2003.
(4) Wedding 21, 2003.
(5) Wedding 21, 2004.
(6) Cookand, 2004, 11.
(7) Cookand, 2004, 9.
(8) Casa living, 2004.
그림 3-4 Haute, 2003, 3.
표 3-2 Australian Gourmet Traveler, 2003, 9 / Martha stewart living, 2003, 12. / Vogue entertaining+travel, christmas, 2002. / Marie clair, micelle cranston, 2003. / Donna Hay spring issue 11, 2003. / Living at home, 2003, 2. / Decoration, 2004, 2. / Elle bistro, 2001, 8~9. / Elle a table, 2004, 5~6. / Real simple, 2004, 2. / すてきレシピ, 2001, 7. / Food & wine, 2004, 12. / Gourmet, 2003, 8. / Bon Appetit, 2003, 8. / Delicious, 2002, 9.
표 3-3 Essen, 2004, 6. / My wedding, 2004, 9. / Casa living, 2005, 2. / 주부생활, 2004, 2. / 여성동아, 2005, 2. / Ennoble, 2005, 2. / Wedding 21, 2004, 9. / Savie, 2004, 11. / The First, 2004, 3. / Goodmorning doctor, 2005, 1. / Cookand, 2004, 8. / Meat magazine, 2004, 10. / 삼성 에버랜드 사외보 자연과 꿈, 2002, 7~8. / La vie, 2004, 10.

요리책 스타일링 시 현장에서 자주 사용하는 언어

Foodandstyle, 웰빙 샐러드, 효성출판사, 2004.
히라끼 : 정주연, 건강 빵 & 케이크, 시공사, 2004.
도비라 : Casa living, 2004. / Praudi, 2001. / Cookand, 2000.
간지 : 설록차 브랜드 스토리북, 2002.
과정 : Foodandstyle, 웰빙 샐러드, 효성출판사, 2004.
건강 빵 & 케이크, 정주연, 시공사, 2004.

PPM 자료의 실례 : 도미노 피자

도미노 스테이크 피자 ppm 자료, 2004.
그림 3-13 (1) Living at home, 2002, 12.
(2) Living at home, 2001, 11.

(3) Living at home, 2002, 7.
(4) Living at home, 2001, 11.
(5) Living at home, 2002, 7.
(6) Living at home, 2003, 3.
(7) Living at home, 2001, 9.
(8) Living at home, 2002, 2.

그림 3-14 (1) Living at home, 2001, 3.
(2) Living at home, 2003, 3.
(3) Living at home, 2003, 10.
(4) Vogue entertaining+travel spring, 2001.
(5) Proudi, 2003.
(6) Donna hay food+wine issue 15, 2004.
(7), (8) Living at home, 2003, 4.
(9) Living at home, 2003, 5.
(10) Living at home, 2003, 6.

그림 3-15 Emily Chalmers, Table inspirations, Ryland peters & small, 2001.

그림 3-16 (1) Victoria, Table settings, Hearst books, 2002.
(2)~(4) Emily Chalmers, Table inspirations, Ryland peters & small, 2001.
(5) Desmond tate, Tropical fruit, Archipelago press, 2002.
(6) Margaret caselton, Napkin details, Ryland peters & small, 2002.
(7) Inja nam, Arno Schmidt, Art of garnishing, John wiley & sons, INC, 1993.

그림 3-17 (3) Foodandstyle, 웰빙 샐러드, 효성출판사, 2004.
(4) Casa living, 2004.

그림 3-18 내 아이 최고로 키우는 이유식 & 유아식, 효성출판사, 2004.

151, 153쪽 Foodandstyle, 웰빙 샐러드, 효성출판사, 2004.

155쪽 우먼 센스 쿠킹, 한식 건강 요리2 콩, 두부 반찬, 서울문화사, 2003.

156, 157, 160, 161쪽 Foodandstyle, 웰빙 샐러드, 효성출판사, 2004.

171쪽 1. Foodandstyle, 웰빙 샐러드, 효성출판사, 2004. / 경기대학교 외식조리과 졸업 작품집, 2004.
2. Cookand, 2004, 11. / 파워 푸드, 무공해 생활, 2004.

172쪽 3. Casa living, 2003, 12. / Haute, 2003, 5.
4. Foodandstyle, 웰빙 샐러드, 효성출판사, 2004.

173쪽 5. Haute, 2003. 03. / Foodandstyle, 웰빙 샐러드, 효성출판사, 2004.
6. My wedding, 2004. / 에버랜드 사회보-자연과 굼, 2002, 1~2.

174쪽 7. Casa living, 2004. / Casa living, 2003.
8. Foodandstyle, 웰빙 샐러드, 효성출판사, 2004.

175쪽 9. 웰빙 샐러드, Foodandstyle, 효성출판사, 2004.
10. Haute, 2003. 3. / Foodandstyle, 웰빙 샐러드, 효성출판사, 2004.

176쪽 11. 경기대학교 외식조리과 졸업 작품집, 2004. / 시공사, 2002.
12. Foodandstyle, 웰빙 샐러드, 효성출판사, 2004.

177쪽 13. Haute, 2003, 5.
14. Foodandstyle, 웰빙 샐러드, 효성출판사, 2004.

178쪽 15, 16. Foodandstyle, 웰빙 샐러드, 효성출판사, 2004.

부록 김상연, Balance diet, 2003.

참고문헌 Reference*

국내서적

경기대학교 외식조리 졸업 작품집, 2004.

김경미, 푸드 스타일링의 색채 이미지에 관한 연구, 경기대학교대학원 석사 논문, 2003.

김경미 · 김덕환, 웰빙 샐러드, 효성출판사, 2004.

김상연, 식문화 속에 깃든 멋을 찾아, PNP, 2003.

김수인, 푸드코디네이트 개론, 한국외식정보, 2004.

김영인 · 문영애 · 이영숙 · 이윤주, 시각표현과 색채구성, 교문사, 2004.

김현성, 색채학, 일진사, 2001.

김혜영, 푸드코디네이션 개론, 효일, 2004-12-21.

바릴라(Barilla) 광고 브로슈어.

바바라 런던, 사진학 강의, 타임스페이스, 2004.

박영순 · 이현주, 색채와 디자인, 교문사, 2004.

박은주, 색채조형의 기초, 미진사, 2001.

I.R.I 색채연구소, Color Combination, 영진출판사, 2004 .

안장헌, 사진촬영교실 호영출판사, 2004.

웨딩 21, 2004.

윤혜림, Colorist, 국제출판사, 2004.

조리교재발간위원회, 조리체계론, 한국외식정보, pp. 425~427, 2002.

중앙일보, 2004, 11.

최수근 · 최희선, 요리와 소스, 형설출판사, 2003.

최영훈, 색채이론, 색채의 원리와 활용, 미진사, 2004.

한국색채학회, 컬러리스트(이론편), 국제, 2002.

통계성, 한국통계연보, 2001.

황재선, 촬영을 위한 테크닉 푸드스타일링과 테이블 데커레이션, 교문사,

2004.

국외서적

Desmond tate, Tropical fruit, Archipelago press, 2002.
Inja nam, Arno Schmidt, Art of garnishing, John wiley & sons, INC, 1993.
James Mcnair' s, Fames Mcnair' s Salmon Cook book, Chronicle Books, 1987.
John F Carafoli, Food photography and styling, Amphoto Books, 2003.
Kazuko Nakamura, Table style selection, 나시메사, 2001.
Living at home, 2002, 12.
Margaret caselton, Napkin details, Ryland peters & small, 2002.
Maria Villegas, Taste+color, Villegas editors, 2003.
Mary nor den, Wedding details, Rylandpeters & Small, 2000.
자연과 꿈(에버랜드 사외보), 2002, 3~4.

인터넷 사이트

www.fooddesigns.com

찾아보기 Index*

저자 소개

김경미

경기대학교 대학원 외식조리 전공(박사과정)

현재 푸드앤스타일 실장(www.foodandstyle.co.kr)
여주대학 가정계열 푸드코디네이션 전공 겸임교수

김경임

고려대학교 대학원 식품생명공학 전공(이학박사)

현재 혜전대학 외식경영계열 푸드스타일링 전공 교수

김상연

한양대학교 대학원 식품영양학 전공(이학박사)

현재 한양여자대학 식품영양과 교수(www.dietabcd.wo.to)

안선정

고려대학교 대학원 식품영양학 전공(이학박사)

현재 혜천대학 식품과학계열 푸드스타일리스트 전공 교수

푸드 스타일링

Food Styling*

2005년 3월 4일 초판 발행
2017년 8월 14일 6쇄 발행

지은이 김경미 • 김경임 • 김상연 • 안선정
발행인 류제동
발행처 **교문사**
(10881)경기도 파주시 문발로 116
전화 (031) 955-6111(代)
FAX (031) 955-0955
등록 1960. 10. 28 제 406-2006-000035호
홈페이지 www.gyomoon.com
E-mail genie@gyomoon.com
ISBN 89-363-0725-8(93590)

정가 17,000원